ドイツ精神の近代

矢代梓

未來社

ドイツ精神の近代　目次

編集注

本書は著者が一九八五年から九九年までの間に発表・執筆した遺稿を集成したものである。

生前、著者は『年表で読む二十世紀思想史』（講談社）刊行の後に、本書の収録論文を中心に加筆し、さらにカール・シュミット論、ヴァルター・ベンヤミン論など書き下ろし論文を加えたうえで、近代ドイツ精神史に関する著書を公刊する予定であった。しかし、九八年三月から闘病生活に入り、加筆および新原稿執筆が不可能となった。著者も翌年三月に亡くなられ、企画は中断し、著者が選択作成した論文リストと原稿がそのまま遺される形となった。

著者が一九九七年五月時点において作成したリストに基づき、遺された論文を編集したものが本書である。本書には論文のほかに書評が六篇収められているが、「E・アウエルバッハ『世界文学の文献学』書評」は著者の絶筆であること、その他五篇は収録論文との関連性が強く、論文発表後の付論的な意味合いがあることを考慮し、リストには含まれていなかったが、笠井いち子未亡人と編集部で相談のうえ、収録することにした。

一、本書に収録した作品は、未発表作品をのぞき初出原稿を底本とし、未発表作品については笠井家保存の原稿を底本とした。
一、人名、地名などの固有名詞は原則として頻度の高いほうに統一した。
（例）ハイデッガー→ハイデガー　シュールレアリスム→シュルレアリスム
一、用字、送りがな、ルビなどは原則として底本に従い、画一的な整理は行なわなかった。
一、明らかに誤りとおもわれる箇所は訂正した。
一、著書名、新聞・雑誌名、映画作品名は『　』、論文名は「　」、楽曲名は《　》で示した。
一、本文中における編集部の註記は〔　〕で示した。

ドイツ精神の近代

装幀——高麗隆彦

現象学運動と芸術

一

「現象学運動と芸術」というテーマを考えるとき、心に浮かんでくる忘れがたい風景がある。

その心象風景とは、もう二〇年以上も前になるのだが、一枚の絵との遭遇だった。一九六九年七月、鎌倉にある神奈川県立近代美術館で「パウル・クレー展」が開催されていた。一九六一年の展覧会に続く、二度目のクレー展だった。タブローだけでなく、水彩画やスケッチ、版画など、一九〇点ほどの展示だったが、クレーの画業を俯瞰するにはほどよい展覧会だった。

当時、大方の大学を見舞っていた学園闘争の嵐のなかで、私の通う大学も封鎖中だった。さしあたって何もすることのなかった身にとっては、古都鎌倉を散策しつつ、美術館へ通うことは格好の暇つぶしだった。

何度、このクレー展へ足を運んだか、今となっては思い出せないのだが、四、五回通ったことだけは確かだ。一、二回通ううちに、ある絵が深く印象に残り、最後にはその絵を見るためにだけ、鎌倉へ行ったのを覚えている。

クレーは自分の描いた絵を見る者に静かな注視を希望していた。もし可能なら、ゆっくりと長い時間をかけ、絵を熟視しつつ、その見ている時間のうちで、絵を見る者の内面に込み上げてくる心象とゆっくり対話してほしい、このようにクレーは友人たちに語ったと伝えられている。

ウィークデイの昼下り、池に面した美術館の展示室は閑散としていて、クレーの希望していた「見る条件」を備えていた。外の世界があれほどまでに喧騒をきわめていたのに反して、ここの空間はまったく静謐そのものだった。クレーが希望したように絵を前にして椅子に坐り、なかば瞑想するように絵を見ることは可能ではなかったが、何人にも煩わされずに足の疲れるまで一枚の絵に見入る経験はその後の人生においてもあまりない、大変貴重な体験だった。

レター・ペーパーに糊絵具で描かれた、縦二九・五センチ、横二一センチの、『まだ手探りしている天使』と題されたその絵は、この展示場で決して目立つ作品ではなかった。しかし、一九三九年という制作年（クレーはその翌年の一月十二日に世を去っている）、さらに「天使がいまだ手探りしている」という形象はそれだけで十分に見ている私の心を揺るがすものだった。

その頃、クレーの描く天使について多くを知っていたとは思えない。知っていた天使のイメージはライナー・マリア・リルケの『ドゥイノの悲歌』の天使だった。

「誰が　たとえ私が叫んだとて　天使たちの序列のうちから
それを聴いてくれよう？……」

「あらゆる天使は恐しい　しかもなお　禍いなるかな
私はおんみらに向かって歌うのだ……」
「ああ　いつの日か　おそるべき洞察の果に立って
肯う天使らに　歓呼と讃頌の歌を　高らかに歌わんものを。……」

このような『ドゥイノの悲歌』に現われる天使は、この詩篇を読む者にとって、決して親しい存在でもなければ近づきやすい存在でもなかった。この地上でもつ使命を完璧になしとげた存在という、リルケの考えた天使と不完全な地上の人間とでは、気の遠くなるような距離があるように思えた。けれども、「まだ手探りしている天使」の像は、リルケの天使のように完璧な存在ではなく、もっと人間に近い存在のように思えた。クレーの天使はちょうどその頃読んだばかりだったヴァルター・ベンヤミンの天使への言及を思い起こさせた。

『新しい天使』と題されているクレーの絵がある。それにはひとりの天使が描かれており、天使は、かれが凝視している何ものかから、いまにも遠ざかろうとしているところのように見える。かれの眼は大きく見ひらかれていて、口はひらき、翼は拡げられている。歴史の天使はこのような様子であるに違いない。かれは顔を過去に向けている。ぼくらであれば事件の連鎖を眺めるところに、かれはただカタストローフのみを見る。そのカタストローフは、やすみなく廃墟の上に廃墟を積みかさねて、それをかれの鼻っさきへつきつけてくるのだ。たぶんかれはそこに滞留して、死者たちを目覚めさせ、破壊されたものを寄せあつめて組みたてたいのだろうが、しかし楽園から吹いてくる強風がかれの翼にはらまれるばかりか、その風のいきおいがはげしいので、かれはもう翼を閉じることができない。強風は天使を、かれが背中を向けている未来のほうへ、不可抗的に運んでゆく。その一方ではかれの眼前の廃墟の山が、天に届くばかりに高くなる。ぼくが進歩と呼ぶものは、この強風なのだ。

「わたしの翼は飛びたつ用意ができている、／わたしは帰れれば帰りたい、／たとえ生涯のあいだ、ここにいようと／わたしは幸福になれぬだろう」というゲルショム・ショーレムの「天使のあいさつ」をエピグラフにした、ベンヤミンの「歴史哲学テーゼ」Ⅸはこのような文章であった。一連のテーゼはベンヤミンの不幸な死に先立つ数ヵ月前、一九四〇年にパリで書かれたもので、彼自身の絶筆とでもいえるものだ。その当時、クレーの『新しい天使』がどんな絵か、知る由もなかった。ベンヤミンの言葉のみが頼りだったといってよい。そんな内面での下地があったところに、『まだ手探りしている天使』の画像が何の前触れもなく飛び込んできたのだ。

後に見るのが可能になった『新しい天使』は『まだ手探りしている天使』とは画像的にもかなり異なるものだったが、『まだ手探りしている天使』がベンヤミンの『新しい天使』についての言及を思い起こさせた、美術館での体験は今なお鮮明である。それは両者がともに一九三九年と一九四〇年という第二次世界大戦の直前もしくはその下で描かれ、書かれたという事実が、その時代のもうひとつの思想的営為を思い出させたからだ。

その当時、おぼつかないドイツ語の能力に歯嚙みしつつ、エドムント・フッサール最晩年の未完の著作『ヨーロッパ諸学の危機と超越論的現象学』に読み耽っていた身にしてみれば、一九三九年とはフッサールの没年の翌年だった。一九三八年四月二十七日、フッサールはフライブルクの自宅において七九歳で世を去った。普通、『危機』書と呼ばれる彼の晩年の厖大な草稿は一九三五年のウィーン講演とプラハ講演をもとにしている。フッサールは一九三七年八月の発病まで、この草稿に手を入れ続けた。一部は雑誌に発表されたが、大部分は未完のままで遺され、一九三八年中に厖大な遺稿とともにベルギーのルーヴァン大学へ移送された。『危機』書の全貌が公刊されるのは第二次世界大戦後の一九五四年になってからだった。

当時、まだ訳出されていなかった『危機』書を読みながら、そこに主張されている「ヨーロッパ諸学の危機」という現状に対する診断、そしてこの危機を打開する唯一の方策が「現象学の方法」だとする、フッサールの熱情に圧倒された記憶は今なお生々しい。その頃、入手し得る限りのフッサールの訳書を読むことは試みたのだが、どうして今世紀の思想に現象学があれほどまでに巨大な影を投げかけたのか、まったく了解不能に近かった。『危機』書の繙読は「危機の時代の思索者フッサール」という像を私のうちへ鮮明に浮かび上がらせた。

フッサールは『危機』書の冒頭で、「学問の理念を単なる事実学に還元する実証主義的傾向」を批判しつつ、「学問の『危機』は、学問が生に対する意義を喪失したところにある」と主張する。フッサールによれば、十九世紀後半の近代人の世界観は、「もっぱら実証科学によって徹底的に規定され、また実証科学に負う『繁栄』によって徹底的に眩惑されていた」。その結果、十九世紀後半の人びとは、「真の人間性にとって決定的な意味をもつ問題から無関心に眼をそらす」ことになった。

「単なる事実学は、単なる事実人をしかつくらない」ことを強調するフッサールにとって、「いっさいの主観的な捨象する」物体科学も、人間性やその文化形象の理性と非理性への問いを用心深く排除する精神諸科学も事実学以外の何ものでもない。危機の時代、実証諸科学が人間へ向けられた災厄に対して何ひとつ有効な手立てをもち得ないとき、「学問はいったい何を語るべきであろうか」。『危機』書とは、こうした問いを近代の学問営為の起源より歴史的に省察し、「人類の自己省察としての、理性の自己実現としての哲学」である超越論的現象学の可能性を見定めようとした書物であった。

フッサール自身の書き遺した草稿のなかに、「厳密なる学としての哲学の夢は醒めた」との章句もあるのだが、それだけで『危機』書全体の基調を超越論的現象学の挫折と見ることはできない。むしろ、その生涯を通じて学の根源へ、学的営みのアルケーへ遡航しようとしたフッサールの学問が理性の目的論とでもいうべきものに直面した、この事態こそが先のフッサールの章句を生み出す基盤となったと考えたい。

フッサールはアルケオロジー（考古学）こそ自らの学問の謂であって、この言葉の今日での使われ方に対し、とても残念がっていた。アルケーを求めるロゴスとしての現象学、この学問的営みがたとえ隠されたラティオ（理性）のテロス（終局）を究極的には発見するに至らなかったとしても、自己の学問の不可疑な基盤への追究を死の直前まで行ない続けたフッサールの姿に、私は或る感銘を受けた。コンテクストがまったく異なっていたとはいえ、クレーやベンヤミンが天使に仮託したテーマと同質なテーマを感じ取った。一九三〇年代の後半という、この世紀の激動のうちで、三人の仕事が共鳴し合っていた、この事実こそ重要なことに思えたのである。

二

現象学運動を瞥見するためには、ヘルベルト・シュピーゲルベルクの書いた二つの著作を参照するのが最も手近な方法だ。

その二著作のうちのひとつ、『現象学運動』はフッサールの先行者としてのフランツ・ブレンターノとカール・シュトゥンプフの伝記から稿を起こし、ドイツにおける現象学運動を、フッサール、マックス・シェーラー、ニコライ・ハルトマン、マルティン・ハイデガーの業績の伝記的整理で叙述していく。それと対比的に取り扱われるフランスでの運動は、ガブリエル・マルセル、ジャン＝ポール・サルトル、モーリス・メルロー＝ポンティ、ポール・リクール、ミケル・デュフレンヌ、エマニュエル・レヴィナスなどが対象となる。こうした単独で業績が回顧される思想家に混じって、ゲッティンゲン、ミュンヘン、フライブルクの学究の紹介がある。アレクサンダー・プフェンダー、アドルフ・ライナッハ、モーリッツ・ガイガー、ヘドヴィッヒ・コンラート＝マルティウス、ロマン・インガルデン、ディートリッヒ・フォン・ヒルデブラント、ハンス・リップス、エディット・シュタイン、アレクサンドル・コイレ、ルートヴィッヒ・ラントグレーベ、オイゲン・フィンク、オスカー・ベッカー、アロン・クルヴィッチ、アルフレート・シュッツなどの紹介がそれだ。

『現象学運動』が主として哲学者の仕事を回顧することに重きを置いているとはいえ、そこにはコイレ（科学史）、ベッカー（芸術論と数学史）、シュッツ（社会学）といった、現象学を他の学問分野へ方法的に適用しようとした学者を含んでいることに注目すべきだろう。

シュピーゲルベルクのもうひとつの著作は、現象学運動の広がりをより明瞭にする。『心理学と精神医学での現象学』は、ゲシュタルト心理学への現象学の影響を注視しつつ、精神医学や生理学への現象学的方法の適用を要約している。カール・ヤスパース、ルートヴィッヒ・ビンスワンガー、ユージェーヌ・ミンコフスキー、フレデリック・J・ボイテンディク、クルト・ゴールドシュタイン、メダルト・ボス、ヴィクトール・フランクルなど、名前を列記するだけでも、その執筆意図の一斑は理解されるはずである。

もとより、これらシュピーゲルベルクの書物自体にも難点がないわけではない。エルマー・ホーレンシュタインが指摘するように、フッサール現象学がロシア・フォルマリズムやプラハ構造主義へ与えた影響は書かれていない。また、フランクフルト学派の第一世代であるテオドール・W・アドルノが、ハンス・コルネリウスの下で、フッサール現象学に関する学位論文を書き、後にフッサール批判、ハイデガー批判の論陣を張ったことに関しても見落とされている。さらに、H・リップスについての言及は見られるものの、ゲッティンゲン第一世代以後の言及が少ないことも残念だ。

そうした不満はあるものの、シュピーゲルベルクの二著作は、現象学運動が今世紀の学問に遺した足跡の巨大さを十二分に物語っている。ここに描き出されている現象学運動の広がりは、いったい何に起因するものであったのであろうか。残念ながら、この問いに関してはシュピーゲルベルクもあまり語ってはいない。現象学運動がたんなる哲学の新潮流であっただけならば、今世紀の思索において、これほどまでの広がりをもたなかったのではないだろうか。

第二次世界大戦後、急速に広まった実存主義の思想が現象学に多くを負っていることは明白である。そして、実存主義のもつ人間主義的思想基盤に批判の矢を放った構造主義の思想潮流が、その思索の形成途上において、現象学との対決を行なってきたことはいくつかの例を挙げれば理解できる。ミシェル・フーコーは第二次大戦後にフランス語訳されたビンスワンガーの『夢と実存』（一九三〇年）に長文の序文を寄せている。また、クロード・レヴィ＝ストロースの『野生の思考』は「メルロー＝ポンティの思い出」に献げられている。

もし、ホーレンシュタインによる一連のロマン・ヤーコブソン研究が妥当性をもつものであるとしたら、構造論的方法の根が現象学との出会いにあったことは疑うべくもない歴史的事実だった。

ホーレンシュタインは、『言語学・記号学・解釈学』という論集に収められている「ヤーコブソンとフッサール——構造主義の言語学に対する一寄与」の冒頭において、現象学と構造主義、この二つの潮流の生き証人であるプラハの哲学者ヤン・パトチカの言葉として、両者が「厳密に分けられたモード」だったことを指摘し、ロシア・フォルマリズムとチェコ言語サークルが次の三つの点で、フッサールの『論理学研究』に負っていることを明示する。

その三点とは次の通りだ。

（一）論理学及び言語学という二つの学問分野が、純然たる自律性を持っていることを通じて、両者を心理学主義的基礎づけから解放したこと。（二）普遍文法という伝統的理念。（三）意味論（セマンティク）を中心的位置に置くこと。

さらにヤーコブソンの言及で注目されるのは、自己の言語学の革新に貢献した運動として、ボードアン・ド・クルトネを中心とするカザン言語学派、フェルディナン・ド・ソシュールの『一般言語学講義』、フッサールの現象学と並んで、今世紀初頭の文学、絵画、音楽におけるアヴァンギャルドの諸潮流が挙げられていることである。

現象学運動を、アヴァンギャルドの諸潮流と同時代の現象として、両者をともに位置づけること、この思想史的探究はフェルディナント・フェルマンの『現象学と表現主義』以外、あまり行なわれているようには思えない。フェルマンの仕事にしても、現象学的還元論のもつ難点を、同時代の諸思潮によって相補するものでしかなかった。現象学の仕事そのもの、すなわち、「物そのものへ」（zu den Sachen selbst）なる句で象徴される学問のラディカルな基礎づけの遂行を、世紀転換期のアヴァンギャルド運動と対比して考える作業は、ヤーコブソンの言及があるものの、まったく等閑視されていた分野といってよい。

無論、これにはフッサール側の事情もある。もともと、数学者として学問を開始したフッサールにとって、一九〇〇年から翌年にかけて刊行される『論理学研究』までの時代は、数学の論理的基礎を見つめ直す時代であった。

一八五九年四月八日、当時はオーストリア帝国領であったプロスニッツ（現在のチェコスロヴァキア領プロステーヨフ）に生まれたフッサールは、ウィーンのギムナージウムに学び、そして生地にほど近いオルミュッツのギムナージウムを卒業後、一八七六年十月にライプチヒ大学へ入学した。ライプチヒ大学では物理学、数学、天文学などを学ぶ。ヴィルヘルム・ヴントの哲学も聴講したようだが、当時のフッサールはあまり関心を示さなかったようだ。ライプチヒ大学では、後にチェコスロヴァキア共和国の大統領となるトマス・マサリックと知り合う。彼はデカルトに始まる近代哲学の重要性をフッサールへ初めて教えた友人であり、後にフッサールが哲学へ志望を変更するきっかけとなったブレンターノの存在を教えたのも、彼であった。晩年の『危機』論稿の成立の機縁を与えたプラハでの講演に尽力したのもマサリックであった。

一八七八年四月、フッサールは数学を専攻する決心を固めて、ベルリン大学へ転学する。当時のベルリン大学は新生ドイツ帝国の首府に君臨する一大アカデミーであった。ここでフッサールは、カール・ヴァイヤーシュトラース、レオポルト・クロネッカーなど、当代一流の数学者たちの講義に出席することになった。

一八八一年三月、ウィーン大学へ戻ったフッサールはヴァイヤーシュトラースの高弟であるレオ・ケーニヒスベルガーの下で学位論文に着手し、一八八三年一月に『変分法論考』で学位を得る。そして同年の夏学期、ヴァイヤーシュトラースの助手としてベルリン大学へ赴くが、その年の冬学期に師のヴァイヤーシュトラースが病いに倒れ、一八八四年夏学期にウィーン大学へ戻る。そして、一年間の兵役後、一八八六年夏学期までブレンターノの哲学講義に出席し、数学から哲学への専攻変更を行なう。

マサリックの薦めがあったものの、当初フッサールがブレンターノの授業を聴講する気になったのは、ブレンターノが当時のウィーンで毀誉褒貶相半ばする人物であったからだった。もともとカトリックの司祭であったブレンターノは、カトリック教会による「教皇不過謬」の教義の公認に反対して司祭職を離れ、就任間もないヴュルツブルク大学の職も離れてウィーン大学へ転任する。そのウィーン大学でも、一八八〇年の結婚を大学当局が認めなかったために辞任せざるを得なくなり、フッサールが聴講した当時、ブレンターノは一私講師の身の上であった。

フッサールがブレンターノに学んだ最大のものは志向性の考え方だった。そして、ドイツ観念論への仮借なき批判者だった彼から、フッサールはイギリスの経験論や心理主義の哲学を学んだ。ヒュームへのフッサールの高い評価はこの頃からのものといえる。

一八八七年、ブレンターノの薦めでフッサールはハレ大学のシュトゥンプフの下で大学教官資格を取得するため、「数の概念について――心理学的分析」を提出し、その年の十月には私講師就任の公開講演を行なっている。そして、一八九一年には『算術の哲学――心理学的・論理学的諸研究』を公刊した。

『論理学研究』刊行以前のフッサールの履歴は、およそこのようなものであった。『論理学研究』刊行により、フッサールはハレ大学の私講師からゲッティンゲン大学助教授に招聘される（一九〇一年夏から）。

数学から論理学を経て哲学へ、ライプチヒ大学、ベルリン大学、ウィーン大学、ハレ大学の道を歩んだフッサールの道が、今日見られるような現象学運動の基盤にどうしてなったのか、この問題を考えてみる必要がある。

最初の大学であるライプチヒ、そしてベルリンを別とすれば、フッサールがハレへ赴任するまでのかなりの歳月を、学生としてウィーンで過ごしたことは注目してよい事実だ。数学から哲学へ志望を変更したのもウィーンであった。数学か哲学か、専攻分野を決めかねて悩む二〇歳代のフッサールに、この時代のウィーン文化がどのような影を投げかけていたか、この問題を探ってみなければならない。スラヴ・東欧における十九世紀末文化の研究は、この国においてはようやく始められたばかりの情況にあるが、今回の東欧の激動が中欧の観念を改めて蘇生させたように、ハプスブルク帝国時代の文化を新たな光の下に検討する気運はこれから次第に強まっていくに違いない。

一九八九年に刊行されたロンドン大学のスラヴ・東欧研究所の報告『デカダンスとイノヴェイション――世紀転換期のオーストリア・ハンガリーの生活と芸術』は、この問題に鋭い示唆を与えている。この書物に収録された論文のうちに、フッサールがブレンターノの下で進路を模索していた時代のウィーン大学の知的雰囲気を明瞭にさせる一節がある。「精確さの表現――E・マッハ、ブレンターノ主義者、クラリティの観念」と題された論文は次のように書き出されている。

世紀転換期のオーストリア・ハンガリー帝国の学問・芸術創造は至高の明瞭さに向かって、分析を繰り返し繰り返し行なうことであった。「明瞭さは同じようなタームである厳格さ、精確さ、真理、的確さ、一意性、明晰さとして、哲学者の言説ばかりか、芸術家や小説家、経済学者の言説にも現われている。十九世紀最後の二〇年間、オーストリア人の心はますますクラリティそれ自身を究極まで探究することに夢中になった。精確な表現という周知の強迫観念は、精確さそれ自体への没頭により強力となる。何度も、精確な表現は常套句（Phrasen）やおしゃべり（Geschwätz）、空虚な装飾、名前だけの精確さや明瞭さと抗争してきた」。

このように書き起こされるこの論文は、十九世紀後半のウィーンでのブレンターノ哲学の果たした役割を、エルンスト・マッハの思想的影響を補完させせつつ、哲学ばかりか文学・芸術へ与えた思想的雰囲気として明瞭にする。

もとより、こうした論点はそれほど新しいものではない。ヘルマン・ブロッホが『ホーフマンスタールとその時代』（一九五五年）において、一八七〇年から九〇年にかけてのウィーンを「価値真空の時代」と呼び、「ホーフマンスタールの生まれた時代（一八七四年）こそは、たぶん世界史上もっとも見すぼらしい時代のひとつ」と断定した論拠も同じような地点から発言されたものだった。ブロッホは、この時代を折衷主義の時代と名づけ、生の様式そのものが市民的虚飾と化し、実質の貧しさが外面の豊かさによって隠蔽された時代と規定している。

また、ローベルト・ムジールは『特性のない男』（I　一九三〇年）において、今世紀の変わり目のことを次のように記している。

このように徐々に沈んでゆく時代のあとで、あの頃おこったように、突然、魂の小さな上昇がおこるならば、それはいつでも奇蹟を思わせるのだ。十九世紀の最後の二〇年の油のようになめらかな精神から、突然、全ヨーロッパに、ひとつの翼ある熱病が捲きおこった。なにが生成しつつあるのか誰も知らなかった。それがあたらしい芸術、あたらしい人間、あたらしい道徳、あるいは社会構成の変革であるかどうか、誰も言えなかった。

ムジールは、このような時代がどのような思念を要求するか、その問いかけに対して、「厳密性のユートピア」を示し、「人間的な態度としての精密さは、また、精密な行為と存在とを要求する。それは行為と存在とを、最大限の要請という意味で、要求する」と書いている。

この点でブレンターノが哲学を三つの時代を貫通する四つの局面で見る考え方が興味深い。古代、中世、近代、それら三つの時代の哲学はその内部に四つの局面を含んでいたと彼は説く。純粋に論理的関心と科学的アプローチを特徴とするアリストテレス、アクィナス、ベーコン、デカルト、ロック、ライプニッツを第一の局面とするなら、続く第二の局面は、科学的関心に目覚め、実践的モティーフに目を向けるストア、ドゥンス・スコトゥス、啓蒙思想（ヴォルテール、ヴォルフ）であり、その次にセクストス・ホ・エンペイリコス、オッカム、ヒュームという懐疑論の局面がある。第四の最終局面は、思弁的神秘主義の勝利であり、プロチノス、フィヒテ、ヘーゲル、シェリングの時代とされる。ブレンターノはこの最終局面を哲学的デカダンスと見る。

数学から哲学へ志望を変更し、数学の哲学的基礎づけを論理学の問題として考え抜こうと決意したフッサールを取りまくウィーンの知的環境はこのようなものであった。後に『論理学研究』としてまとめ上げられる思考の原型はこの知的雰囲気を抜きにしては考えられない。「精密さへの意志」、「常套句でもおしゃべりでもない言語の意味」を徹底的に考え抜くこと、これが『論理学研究』の基底にあるパトスであった。そして、このパトスは、世紀転換期を前にしたウィーンのデカダンスの時代の空気を分かちもっていたことに留意すべきであろう。『論理学研究』の出現はいくつかの知的集団に対して、強烈なインパクトを与えた。テオドール・リップスの下にあったミュンヘンのグループは、第一巻の「プロレゴメナ」の心理主義批判に注目し、ゲッティンゲンのフッサールの弟子たちとコンタクトをもつようになった。シェーラーやハイデガーがこの書物にいち早く注目したのも、現代哲学の歴史のなかでは常識のことだ。私がここで問題としたいのは、ヤーコブソンが現象学に何を見出したかということである。

ロシアにおいて、『論理学研究』が訳出されたのは一九〇九年、そして『厳密な学としての哲学』は『ロゴス』掲載の直後、ドイツ語原版とともにロシア語訳が刊行されている。一九一五年三月、モスクワ言語サークルが成立した時には、すでにフッサールの著作をロシア語で読み、討論することが可能であった。ゲッティンゲンのフッサールへ宛てたモスクワのグスタフ・シュペトの手紙は、ロシアの地での現象学研究の盛況を次のように伝えている（一九一四年一月二十六日付）。

現象学は当地ではあらゆる哲学のサークルで、大きな、そして熱心な関心を呼び起こしています。『イデーン』（一九一三年）は、これまでのところそれほど学ばれてはいませんが、しかし現象学についてはほとんどみんなが話しています。そのうえ現象学的問題の研究のための特別な団体もあります。私は講義や演習で、現象学の諸理念を擁護しています。そしてすでにもう二回ほど、公に講演する機会を持ちました……。現象学についての評価はどこでも高く、そして好意的です。現象学は哲学の新しい第一歩と看做されています。

ホーレンシュタインが指摘しているように、ヤーコブソンの『論理学研究』の受容はユニークなものだった。ヤーコブソンが第一研究「表現と意味」、第三研究「全体と部分に関する理論について」、第四研究「独立的意味と非独立的意味の相違ならびに純粋文法学の理念」に関心を寄せた点は、現象学運動を担った多くの哲学者が第六研究「認識の現象学的解明の諸要素」に関心を集中させた点と大きく異なっている。ヤーコブソンの回想によれば、アンドレイ・ベールイの『象徴主義』（一九一〇年）が試みた、詩や詩句を科学的に分析しようとする姿勢が、マラルメ読解の困難に直面していた彼に忘れがたい印象を与えた。また、ヴェリミール・フレーブニコフの「語そのもの」への注意の喚起もヤーコブソンの心を奪うものであった。一九〇九年に発表されたフィリッポ・マリネッティの「未来主義の創立と宣言」、翌年の「未来派画家宣言」が議論され始め、キュービズムが精力的にロシアで論じられだしたのも一九一二年頃のことだ。

一九二一年、ヤーコブソンは『最新ロシア詩』のなかで、フォルマリズムの基本的立場を明瞭にする有名なことばを記している。

美術が自立的価値をもつ視覚的表象を素材とする造形であり、音楽が自立的価値をもつ音を素材とする造形であり、また、舞踏が身振りという自立的価値をもつ素材の造形であるのに対して、詩は、自立的価値をもち、フレーブニコフが言うように『自生的』なことばによる形成なのだ。

詩とは美的機能を生かした言語なのである。

したがって、文学に関する学問が対象とするのは文学ではなく、文学性、すなわち、ある作品を文学作品たらしめるものなのだ。……文学に関する学問が真の学問たらんと欲するなら、〈手法(プリヨーム)〉を自分の唯一の〈主人公〉と認めねばならない。


このマニフェストを書いたとき、ヤーコブソンがまだ二五歳であったことに注意しよう。『論理学研究』が彼に与えたインパクトは十代後半の青春の時期であったのだ。現象学運動が与えた衝撃は青春の世代において、より大きなものがあった。ゲッティンゲンでフッサールの下に集まった哲学者たちの写真(一九一二年)が遺されているが、このとき、年長格のシェーラーが三八歳であったが、コンラート＝マルティウスは二四歳、H・リップスは二三歳、コイレに至っては二〇歳なのだ。

ゲッティンゲンでのフッサールの影響は数学者たちにも及んでいた。後にダヴィト・ヒルベルトとともに『数理物理学の方法』を書くリチャード・クーラントがこの地へ来たのは一九〇七年十月、一九歳の時だった。彼は先輩のヘルマン・ワイル(当時、三二歳で博士論文を書いている時だった)の仲間に入れてもらい、ヒルベルトの授業以外ではフッサールの講義を最も熱心に聴いた。E・シュタインはクーラントの従妹である。彼女がクーラントの招きでゲッティンゲンを初めて訪れたのは一九一三年春、シュタインが二二歳の時であった。

フッサールは一九一六年夏、フライブルク大学の教授に転任したが、ゲッティンゲンの後任となった（助教授に昇格したのは第一次大戦後だったが）レオナルト・ネルソン（一八八二年生まれ）はドイツ青年運動の指導者でもあった。彼は一九一三年十月、ホーエ・マイスナーで行なわれたワンダーフォーゲル運動の大集会で、「自由ドイツ青年とその友へ」と題する演説をしている。

フッサールのゲッティンゲン時代を、彼の思索に踏みこまずに、あえて周辺の人間模様として摘記してきたが、ここまで来れば了解してもらえるだろう。現象学が学問におけるモデルネを希求した思索であったことは、ここに集まり、そこで知的青春を送った学徒たちには共有されていた。フッサールの下で、何かまったく新しい哲学が生まれ出ようとしていることに、彼ら彼女らは気づいていた。

フッサールとフィンク（1930年ごろ）

当時、もはや五〇歳を越していたフッサールにとってみれば、このような若者たちの熱望をそのままの形で受容できるものではなかったかもしれない。しかし、フッサールはこうした若者たちの考えに耳を傾ける生真面目なところがあった。インガルテンへ宛てた手紙、そしてこれは晩年の写真（一九三〇年頃）だが、フィンク（このとき、二五歳）と散歩の途中で語り合っている情景からも窺うことができる。

たしかに第一次世界大戦の勃発を前にしたベル・エポック最後の時代、すでにフッサールの思索は、一九一三年に刊行される『イデーン』に続く、超越論的現象学の方法に基づく領域存在論へ傾いていた。それは後に『イデーン』第二巻の遺稿として刊行された、意識と自然に関する省察である。師としてのフッサールの思索がこうした超越論的現象学の新たな構想に向かっていたことが事実であったとしても、『論理学研究』や『厳密な学としての哲学』が呼び起こした知的渦巻きはドイツ国内に止まらず、国境を越えて広がっていた。ロシアの地におけるヤーコブソンの熱狂は十二分にこのことを物語っている。

三

一九〇五年夏、チロル・アルプスの保養地ゼーフェルトで、フッサールはミュンヘン現象学の学徒たちと研究会を開いた。この席で、現象学的還元の考えが初めて話された。二年後の夏学期、「事物論」と題する講義の冒頭に、有名な『現象学の理念』の五講義がなされる。ここで、現象学的還元の思想がはっきりと明示され、超越論的イデアリズムとしての現象学の方向と超越論的主観性の構成(Konstitution)の問題が説かれることになる。そして、一九一三年に刊行された『イデーン』では、この還元の方法的考察に基づく超越論的現象学の構想が全面的に展開されることになった。

現象学的還元の考えは当初から数多くの批判を呼び起こした。最も強烈な批判を行なったのはゲッティンゲンへ移ってきたミュンヘン現象学の人たちだった。超越論的主観性の構成問題がどうして必要なのか、彼らにはどうしても了解しかねたのである。晩年に至るまで、フッサールはこの還元にまつわる難点（アポリア）に関して厖大な草稿を遺した。今日でも、他者の問題、そして歴史、生活世界などを考えるとき、現象学的還元の問題は避けて通ることのできない難問のまま、多くの現象学者を苦しめているといってよい。

現象学的還元について考察しようとすると、私にはやはり二十数年前の思索の光景が浮かんでくる。当時、フッサールの『現象学の理念』は訳出されたばかりであった。早速購入して読み出したのだが、その書物は冒頭から読み進むのがきわめて困難、絶望的に理解不能な書物だった。

> 超越論的考察への門戸をなすのが現象学的還元であり、これが〈意識〉への還帰を可能にするのである。このような還帰によってわれわれは、対象がどのようにして構成されるかを観取するのである。なぜなら超越論的イデアリズムによって、意識における対象の構成という問題が、換言すればフッサールのいう〈意識への存在の解消〉が、彼の思索の中心へ押し出されたからである。

『現象学の理念』を編したヴァルター・ビーメルは序文でこのように記しているが、ゲッティンゲンのフッサール学徒と同じく、どうして「〈意識〉への還帰」が必要なのか、私にも分からなかった。もとより、この講義で語られている自然的態度やその態度に基づく学問の実証主義的あり方に対する批判的言及を認めることはできるのだが、現象学的還元の遂行により一切の超越者が排去され、純粋現象という研究主題が生ずる、というところがどうしても理解できなかったのである。

こうした現象学的還元への疑念を払拭してくれたのがメルロー＝ポンティの『知覚の現象学』だった。この書物の序文における現象学的還元について触れた箇所にある、「還元の最も偉大な教訓とは、完全な還元は不可能だ」という断定は貴重な言葉だった。メルロー＝ポンティは『危機』書のフッサールの言葉を念頭に置きながら、「哲学者とは永遠の開始者である」と記す。この意味はメルロー＝ポンティにおいて次のように分節化される。まず、哲学者は、世人や科学者が知っていると思い込んでいるどんなことも既得のものと見做さない。そして、哲学は己れ自身がかつて語り得たどんなことも既得のものと見做すべきでない。それ故、哲学とは己れ自身の端緒のつねに更新されてゆく経験なのであり、この端緒を記述することこそが哲学の使命である。さらにこのような記述をするとき、哲学者は、徹底的な反省が自己の非反省的生活に依存していることを意識している。そしてこの非反省的生活こそが反省の端緒的にして恒常的かつ終局的な状況なのだ。永遠の開始者としての哲学者の意味をこのように定義した後で、メルロー＝ポンティは次のように結論づける。

現象学的還元とは、一般に信じられてきたように観念論の定式化であるどころか、実存的な哲学の定式なのであって、それゆえハイデガーの〈世界＝内＝存在〉(In-der-Welt-Sein) も、現象学的還元を土台としてのみ現われたのである。

現象学的還元がたんなる意識への還帰などでなく、世界を見直すことであり、これまで自明であった事象がそこで謎となる事態を見つめ、その謎を徹底的に解明することだ、とメルロー＝ポンティは主張する。このような現象学の把え直しの上で、彼は現象学の営為を次のようなフレイズで要約した。

現象学はバルザックの作品、プルーストの作品、ヴァレリーの作品、あるいはセザンヌの作品とおなじように、不断の辛苦である――おなじ種類の注意と驚異とをもって、おなじような意識の厳密さをもって、世界や歴史の意味をその生れ出づる状態において捉えようとするおなじ意志によって。こうした関係のもとで、現象学は現代思想の努力と合流するのである。

『知覚の現象学』を読み始めた頃、私はブリヂストン美術館へ出かけてはポール・セザンヌの『サント・ヴィクトワール山とシャトー・ノワール』を見る日々を送っていた。この絵に再現されている堅牢な自然、しかもその風景は見る者に対して有機的に統一された色彩感覚を与えずにはいない。この視覚の圧倒的ともいえる充実感はいったい何に根ざすものなのか、その問いの前に佇んでいたのだった。

セザンヌはエミール・ベルナールへ宛てた手紙（一九〇四年五月二十六日）のなかで次のように書いている。

画家は自然の研究のために一身をささげ、ひとつの教えとなるような絵画を作りだすよう努力しなければならない。

文学者が抽象的思想で自己表現を行なうのに対して、画家はデッサンと色彩によって自己の感覚や知覚を具体化する。そのためならば、自然に対してどれほど綿密、誠実、従順になってもなりすぎることはない。画家に必要なことは、「眼前のものに深く入ること、そしてできうるかぎり論理的な自己表現を忍耐強く行なうこと」なのだ。

このような画家の使命ともいうべきものを文字からのみ受け取るのであれば、かつてあのような感動に襲われたとは思えない。サント・ヴィクトワール山の絵を前にして、こうした言葉を思い起こすとき、それは言いようもない迫力に満ちた声として脳裡にこだましてきた。セザンヌにしてみれば、画家には芸術についての談義など必要のないことだったかもしれない。けれども、美術館の一隅でセザンヌの絵を見続けていた時代、知覚に込み上げてくる視覚のすさまじいばかりの充実を読み解くために、私には言葉が必要だった。

晩年のセザンヌは故郷のエクスに閉じこもり、サント・ヴィクトワール山を前にキャンバスを立て、数多くの絵を遺した。「私は絵を描きながら死にたいんだ」――祈りにも似たつぶやきは、彼にあって絵を描くことの不断の辛苦に裏打ちされている。絵を描き続ける不断の辛苦、それは自然の与える強烈な、しかも生き生きとした感覚をどうすれば実現（レアリザシオン）へ至らしめうるか、その辛苦であった。

現象学的還元の難点、哲学者が直面する世界を見つめ直し捉え返す困難な方法作業の辛苦も、セザンヌの不断の仕事と等しいものではないか。『知覚の現象学』でのメルロー＝ポンティの言明、「現象学は……セザンヌの作品とおなじように不断の辛苦である」という一節が現象学的還元を理解する第一歩となった。セザンヌの絵を見ることによって、還元論の困難が理解不能の方法作業ではなく、世界解読の具体的な仕事であることがはっきりと自分の前に立ち現われてきたように感じられてきた。

ジョワシャン・ガスケを相手にした晩年のセザンヌはモティーフについてこう語っている。有名なところだが、それは、次のようなエピソードだ。手を合わせながら、ガスケに「モティーフをつかんだよ」と言うセザンヌは、こう語っている。

まあ、こんな……（再び同じ仕草をする。十本の指を開いて両手を離したのち、ゆっくり、ゆっくり両手を近寄せて、かたく閉じて、こわばらせてから互いにくい込ませる）。これに達するのでなきゃいけない……。私がもうちょっと上か、もうちょっと下を通ったら、全部が駄目になる。ゆるすぎる網の目というか、穴があって、そこから感動や光や真理が逃げ出してしまうようではいけない。絵全体を、私は、いっぺんに、綜合的に押し進めてゆくんです。おわかりかな。私はちりぢりばらばらになるものを全部、同じひとつの勢い、同じひとつの信念でもって近づける……われわれの見るものは全部、散乱して、どこかへ行ってしまう、そうでしょう。自然はいつも同じ自然だけれど、私たちの目にあらわれているものの中からは何も残らないでしょう。われわれの芸術は、自然が持続しているということの戦慄を人に与えるべきなのだが、それは自然のあらゆる変化の要素や外見を駆使してなのだ。永遠なものとして味わわせてくれなければならない。自然の下には何があるんでしょうね。何もないかも知れない。もしかしてすべてがあるかも知れない。すべてです、おわかりになりますか。それで私は、自然の迷える手を合わせてやるのです……あっちから、こっちから、方々から、左から右から、その色調、その色彩、そのニュアンスを私はつかんで、それを定着させて、それを互いに近づけます。それは線を作ってゆくんです、物（オブジェ）や岩や木になってゆきます。私が考えないうちに。容積（ヴォリューム）を持つようになります。色価がそなわってくるんです。もしこういう容積やこういう色価が私の画布のうえで、私の感受性のなかで、目の前にある数々の平面やしみに適合したら、そうしたら、私の絵は両手を組むのだ。ぐらぐら揺れない。高すぎも低すぎもしない。真の、濃厚な、充実した絵です……。

セザンヌはガスケに向かって、自然を画布に定着させること、すなわちモティーフをつかむこと、それを両手をしっかり握り合わせる仕草に譬えている。自然の持続が私に与える戦慄を絵として表わすこと、それは迷える自然の手を合わせ、自然において現われている綜合を永遠なるものとして絵に綜合的に表わそうとする仕事なのだ。

ブリヂストン美術館の『サント・ヴィクトワール山とシャトー・ノワール』を何回も見ているうちに、私には近景の樹木の触感、中景の建物の質感、遠景の山肌の感触が生き生きと伝わってくるようになった。この印象は、メルロー＝ポンティの言うように、「根源的な知覚においては、触覚と視覚との区別は知られていない」事態を悟らせる体験であった。通常、体験されたと思っている事物（もの）とは、普通考えられているように再発見されたり構成されたりして与えられるのではない。見ることを通じて一挙に与えられるのだ。すなわち、「画家が、世界を実現しようと思うならば、色彩の配置が、そのなかに、この分かちえぬ全体を含んでいなければならぬ」（メルロー＝ポンティ）という絵画に対する考え方は、セザンヌの絵において見事に実現されていた。

私が見続けたサント・ヴィクトワール山の絵は、事物そのものの現存を告知し、その充実は見る私を圧倒するだけの力をもっていた。このような絵を生み出すための努力、限りない実現（レアリザシオン）への道、実在する事物の表現とは限りない仕事であることをセザンヌの絵は私に知らしめた。もとより、セザンヌの眼に映ったサント・ヴィクトワールの山がどのようなものだったか、それを知るすべはない。セザンヌがガスケに語ったように、セザンヌの見た自然はセザンヌの身体の消滅とともにちりぢりばらばらになってしまった。しかし、セザンヌが画布に描きこもうとした山の姿は、遺された数多くの絵を見ることによって与えられている。

メルロー＝ポンティの生前に刊行された最後の著作『眼と精神』に次のような一節がある。

> セザンヌが描こうとした「世界の瞬間」、それはずっと以前に過ぎ去ったものではあるが、彼の画布（カンバス）はわれわれにこの瞬間を投げかけ続けている。そして彼のサント・ヴィクトワールの嶺は、世界のどこにでも現われ、繰り返し現われて来よう。エクスに聳える固い岩稜とは違ったふうに、だがそれに劣らず力強く。

ブリヂストン美術館での体験は、後にチューリヒ美術館で『サント・ヴィクトワール山』（一九〇四—〇六年）を見た時も、ロンドン大学コートールド・コレクションの『サント・ヴィクトワール山』（一八八六—八八年）を見た時も反復された。

セザンヌはサント・ヴィクトワール山を描き続ける仕事において、何を求めていたのだろうか。実現（レアリザシオン）への不断の辛苦をセザンヌに課していたのは何だったのか。沈黙に浸りつつ、モティーフを両手でしっかり把えながら、彼が画布に表現しようとしたものは何だったのか。こうした問いかけが、フッサールの現象学的還元を具体的な作業として把え返すきっかけになった。すなわち、「事物そのものへ」の探究を自らのうちで徹底化するとき、その思索が、最後には「視覚の謎」ともいうべき事象に直面せざるをえず、世界を見直し把え返す方法の発見は、究極的には、見えない事物のなかにある見える事物のあり方それ自体を問うことに他ならないからだ。

もう一度、『サント・ヴィクトワール山とシャトー・ノワール』を見続けた時に私の視覚を充たした体験に戻って考えてみよう。樹木の触感、建物の質感、山肌の感触と先に記したが、どうして視覚が触覚の広がりにおいて体験されたのであろうか。感覚をその機能において区分するならば、この言い方は成立しない。しかし、長い間、セザンヌの画布（カンバス）を凝視するなかで、「視覚の触手」とでもいうべきものが感覚として生まれてきたのだ。まなざしが画布の表面をあたかも触わるがごとくに彷徨う。輪郭をあえて取ることなく、色彩の転調（モデュラシオン）によって事物をそこに、すなわち画布に描き出そうとしたセザンヌの努力は、それまでの絵画のあり方とは異なった奥行きを見る者に与えることに注がれたのではないか。自然の事物に備わっている存在の重み、現存の固有な質感をどうしたら画布に定着させることができるのか。三次元の空間に安らっている事物たちを二次元の画布に描きこむのは本当に可能なことなのだろうか。これまでの遠近法が問題化することなく自明としてきた、絵画表現それ自体の基盤に対する徹底的な懐疑の念、それがセザンヌをして描き続けることへ駆り立てたのではないだろうか。

セザンヌが描き遺そうとした根源的自然、山嶺の現存を光や空気との相関の下で浮かび上がらせるのではなく、あたかも山嶺そのものの内部から光がひそやかに発し、それが見る者に山嶺の堅固さの印象や実在感を与えるという逆説的事態。しかも、そうした画布のなかの物質性の醸し出す印象は、視覚の知覚における優位をもはみ出し、触覚の領域にまでおのれの固有性を告げ報せようとする。絵が絵である以上の何ものかを表わそうとするかに思われるこの体験は、改めて「絵とは何か」を私に問いかけずにはいなかった。

冒頭のクレーの天使の絵に出逢ったのは、こうしたセザンヌの絵の与えた視覚の充実感を少し距離を置いて反省してみようとしていた頃の出来事だった。クレー展を見た後、彼の書き遺した日記やバウハウスでの講義、そして数冊のクレー論を読むなかで、次第に「セザンヌとクレー」という対比が明瞭になってきた。

ヴェルナー・ハフトマンは、一九〇八年のクレーについて語りつつ、「自然を前にするとき、造形的修練とは、還元の方法であることが判る。自然より多くを語ろうとすれば、自然より少ない手段で語ることが必要なのである」と記している。この記述の拠り所となっているクレーの日記は次のような文章だ。

「自然は混沌として饒舌であるが、芸術家は秩序あるまま寡黙でなければならない」（一九〇九年）

「還元！　自然にまさるものを造ろうと思い、愚かな誤りを犯す。自然は単純なのに、自然よりも多くの手段を弄して表現しようとするからなのだ」（一九〇八年）

「私の作品がときとして幼稚な印象を与えるとすれば、それは僅かの部分・段階に還元・凝縮しようとする私の意志のためだ」（一九〇九年）

一九〇九年の春、クレーはミュンヘンの分離派展でセザンヌの作品を八点ほど見た。この印象はクレーにとって強烈なものだった。

分離派展出品のセザンヌ、これまでにおける最大の絵画的事件。当時のぼくにとっては実際ゴッホよりも有益で重要だった。原則――還元能力により単純性を得ること。絵についての経験――暈（ぼかし）の区画を色彩協和音の因子として表現すること。

この頃、油絵具での制作をふたたび始めたクレーは自分の制作態度を次のように記す。

望遠鏡による習作――リアルな遠近法を抽象化するため、そしてふたたび遊戯的なものに陥らないようにするため。

還元（レドゥクチオン）――芸術の対象としての光。絵の解剖学。絵の要素としての線。

構成（コンポジチオン）――不調和な個々の物から絵のなかに調和（ハルモニー）をつくること。

「還元の方法」(Reduktionsverfahren) など、還元 (Reduktion) をめぐる方法論的反省がこの時期のクレーに目立つ。クレーは当時ミュンヘンに住んでいたが、ここで語られている「還元」と現象学的還元とが結びつくとは直接には考えられないかもしれない。しかし、セザンヌの絵を見たことがきっかけとなって、こうした方法上の思索を書き留めたことに注意すべきだ。よくいわれるように、セザンヌは印象派の色彩を学ぶことにより、「感覚の実現」への道を切り拓いた。さきに言及した一八八〇年代の『サント・ヴィクトワール山』において、前景の松の木、中景の平野や橋、後景の山嶺、これらの色彩的対比はこの時期のセザンヌが印象派の色彩を学ぶことにより、独自な画面の奥行きを生み出したことを示している。実際の風景と比較してみると、この絵では平野部が圧縮して描かれており、それに応じて山の高さは増大して、見る者にサント・ヴィクトワール山が接近して見えるようになっている。「色調の移動」こそは、セザンヌの後半生における制作上の困難の中心をなすものだった。もとより、これは印象派の線描否定を学んだ彼にとって、対象の存在感は色彩の転調によってこそ与えられる。自然を固有の色調体系に移し替える困難さは、晩年のセザンヌが息子のポールへ宛てて書いているように、「私の感覚の実現は大変な苦労を伴うのだ。私の五官のうちに展開するあの強烈さに達することができず、自然を彩るあの色彩の豊かさを獲得することができない」ほどの難問であった。

この点で、クレーの造形思考が線描の重視から出発したことは注意すべきだろう。彼にあっては線描、黒白の水彩画、そして色彩の利用という絵への取り組みがセザンヌの絵との出会いからほどなくして始まる。線による長い間の訓練は、『カンディード』連作に見られるように心の内面に起こる即興を完全に実現できるほどの完成の域にまで、この時期には達していた。クレーにおける色彩の発見は一九一四年のチュニジア旅行とされているが、これ以前の段階において線描から色彩への慎重な歩みがゆっくりと行なわれていた。

芸術の本質は、見えるものをそのまま再現するのではなく、見えるようにすることにある。たとえば、線描の本質はともすれば抽象に向かうが、当然のことだ。もともと線描芸術には、想像力の産物ともいうべき幻想性や童話的な性格が備わっており、同時にその性格がここでは実に正確に表現される。線描は純粋になればなるほど、いいかえるならば、線的な表現の基礎であるフォルム諸要素に重点がおかれればおかれるほど、見えるものをリアルに表現しようとする足場を失っていく。

一九二〇年に発表された「創造についての信条告白」の冒頭部分には、線描がクレーにとってどれほど重要な制作上の要素であったか、明瞭に語られている。「ひそかに見てとったものを眼に見えるようにする」芸術制作の現実性は、クレーの語るように、人生を、世界を、「普通に思われているよりはいくらか広いものにし」うる。クレーは謙虚に「いくらか」という言葉を用いているが、自覚的に線描を基礎づけ、そこでフォルムの創造を見つめ直し、色彩の意味を考え抜こうとした彼の思考は近代芸術における革命に原理的省察をもたらしたように思えた。

クレーが一九二三年の『国立バウハウス・ヴァイマル一九一九—一九二三』に寄せた論文「自然研究の道」は、小論ながら重要な位置を占めている。彼はまず「芸術家にとって、自然との対話はつねに conditio sine qua non（不可欠の条件）である。芸術家は人間であり、自らも自然であり、自然の空間内の一片の自然である」とする。かつての芸術とそれに関連する自然研究は、現象を精密に研究し、対象の外面を把えることにあった。しかし、今や現象をこえて拡大する対象を見ることが必要だ。そのために、対象の内部構造を知る解剖学や現象の印象を機能的内面化に高める生理学がある。さらに、こうした可視のレベルの方法と別に、観察者と対象との間の非光学的な自然探究の道がある。一方は大地の重力にとらえられた静的な道、もう一方は宇宙の動性、その自由さを憧れる道、この二つの方法を通じて対象を人間化し、「見る者を対象との共鳴関係に導く」。これら四つの方法は芸術家のまなざしにおいて出会い、そこでフォルムにかえられ、「外的視覚と内的観照の総合へと進む」。

クレーはこの小論の末尾で、「世界を観ることを高めれば、それに応じて自然観察で深められたものが、抽象的造形作品を自由に形成しうる力をもたらし」「この抽象的な造形作品は、作品の自然性に到達する」と結論づけている。いいかえれば、このとき、彼は「神の作品の比喩ともいえる作品の創造に携わる」。クレーの描いた図（次頁）は、こうした議論を視覚化したものだった。

以上書いてきたセザンヌとクレーの言説が現象学的還元の問題と、いったいどのような点で関わるように思えたのか、最後にこの問題を晩年のフッサール、そしてこれもまた早過ぎた晩年におけるメルロー＝ポンティの思索を跡づけつつ考えてみよう。

晩年のフッサールに自然に関する有名な二篇の草稿がある。「自然の空間性の現象学的起源に関す

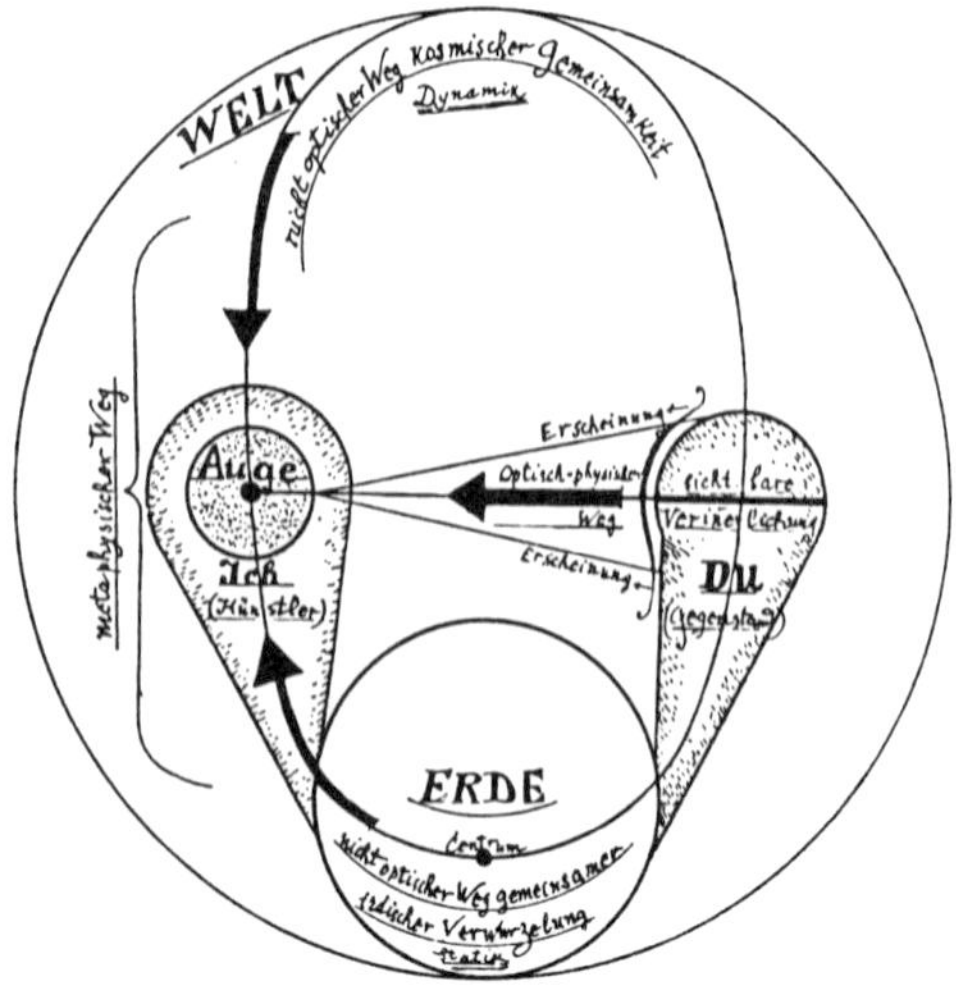

P. クレー『造形思考』の挿図（「自然研究の道」）共通の，大地に根ざした非光学的な道：静的（下の矢印）
光学的形而下的な道（中央の矢印）
宇宙的に交感する非光学的な道：動的（上の矢印）
外的な観察と内的な観照の総合．作品の自然らしさ〔Ich は芸術家．Du は対象〕
Paul Klee, Das bildnerische Denken, hrg. von Jürg Spiller, Benno Schwabe & Co. Verlag, Basel/Stuttgart 1956.

る基礎研究——コペルニクス説の転覆」（一九三四年）と「幾何学の起源について」（一九三六年）の二篇だ。ともに自然科学批判が主軸になって論旨が展開されているため、自然の問題がやや見通しにくくはなっているが、晩年のフッサールにあって現象学的な意味での自然の起源研究がどのように追究されたかを看取するには貴重な遺稿といえる。一九三四年の遺稿において、フッサールは、「無限性という理念性のなかで存在する世界」へ注意を向ける。この世界とは、「周囲世界のもつ開放性（Offenheit）のなかにある世界」とは別の世界だ。むしろ、地盤（Boden）としての地球がどのように総括的物体（Totalkörper）になるのか、いいかえれば第一次的総合（primordiale Synthesis）としては知覚されることのない、星としての地球すなわち巨大な木球（Klotz）になってしまったのか、これが問題なのだ。フッサールはこうした無限性の理念に安らいつつ構築されるコペルニクス的世界解釈へ異議を唱えた。「根源的な意味で構成されることができるのは、諸物体からなる周囲世界をもつ『この』地球地盤のみ」なのであって、私の身体、私の周囲の自然、私にとってなじみの他者たち、そこに開かれた諸地平のみが、逆に、「無限性という理念」に意味を与えているのだ。フッサールはコペルニクス説をこのように逆転させている。

「幾何学の起源について」においては、幾何学的存在という客観的に現存する超時間的な普遍言語がどうして生成したかが追究された。幾何学における根本的諸概念がどうして隠蔽されてしまったかを問いつつ、フッサールは次のように記す。

真の哲学史や真の科学史とは、現在与えられている歴史的な意味形成体ないしその明証を——記録に残っている歴史的な遡行の連鎖に沿って——その根源にひそんでいる根源明証という蔽われた次元にまで引きもどすことにほかならない。

しかし、フッサールは「地盤となる場所」「普遍的な〈地平としての「知」〉」「唯一の原歴史」というさまざまな言葉を用いて、この蔽われた次元を名指そうとしているのだが、その言及は断片的印象をまぬかれない。フッサールが考え抜こうとして、しかも「考えないでしまったこと」、それは何だったのか。

この問いこそ、現象学的還元を知覚の分析において明らかにしようとしたメルロー＝ポンティが生涯の後半期において追い続けた難問に他ならない。

遺稿として刊行された『見えるものと見えないもの』(一九六四年)は、中絶された、しかも数多くの断章を含む書物だが、現象学的還元が芸術の問題とどのように関わりうるかを示す、悪戦苦闘のドキュメントの観を呈している。さながらミケランジェロの『ロンダーニのピエタ』を思わせるこの書物は、見る者と見られる事物、触わる者と触わられる事物との、秘密に満ちた関係を探る反省の徹底的遂行がまさしく不断の辛苦であったことを物語っている。

ここでメルロー=ポンティは、私のまなざしが見える事物を包みつつ、しかも覆いながら露呈する視覚の謎について再三言及する。まなざしで触診することによってしか近づきえない事物、すなわち視覚という触手によって包みこみ、肉のうちに覆ってしまった事物たちが、どうしてそれぞれの場所に置かれ、あたかも視覚がそこからやって来たかのように思えるのか。メルロー=ポンティは、「色のこの魔力、見えることとのこの不思議な力」を究明しようとした。

たとえば、私の見た赤は初めから赤という明証的にメッセージをもっているわけではない。まなざしは、たとえわずかな時間にせよ、焦点合わせを要求し、その赤はそれより以前にまなざしへ取りこまれていた一般的な赤さから浮かび出てくるのだ。いいかえれば、その赤は他の赤との布置において、その赤になる。まなざしにおいて、その赤がまぎれもない赤として固定し、可視性の具体化として見えてくる。すなわち、「色と言われるものと見えるものと言われるものとの間には、それらを裏打ちし、支え、養っている生地が見いだされるのであり、そしてその生地自身は、物ではなく、可能性、潜在性であり、物の肉なのである」。

この間の事態を、メルロー＝ポンティは触診において、よりはっきりと見つめ直す。触診は問うものと問われるものとが最も近い関係にあるからだ。私の手は、「内側から感じられるものであると同時に、外から近づきうるもの」だから……。セザンヌの両手をしっかり握り合わせる仕草を思い起こしてみよう。触覚のなかには、手の探索による滑らかなあるいはざらざらした物の感触、手の内部に起こる受動的な感じ、そして物に触れようとする右手に左手が触れるときの触覚、この三つの次元があると、メルロー＝ポンティは指摘する。そして、この最後の触覚こそ真の触覚であり、この触覚によって、「『触れる主体』が触れられるものの地位に移り、物の間に降りてくることになり、その結果、触覚は世界のただなかで、いわば物のなかで起こるようになる」と、彼は付言する。こうして、「同じ身体が物を見、物に触れている以上、見えると触れうるとは、同じ世界のことがらなのである」という言明が導き出される。

「絡み合い——交叉配列」の一節をパラフレイズしてみた。ここで摘記した記述を読むだけでも、メルロー＝ポンティがどうして視覚の謎の究明へ赴いたのか、理解できるだろう。クレーの図を思い出してほしい。芸術家の眼と対象は、「大地に根差すという共通の作用」において結びつけられていた。しかも、同時に宇宙とも結びつけられている。クレーによれば、この両者が「光学的—形而下的な道」に対する「形而上的な道」であった。メルロー＝ポンティが『見えるものと見えないもの』で徹底的に究明しようと思ったのは、この「形而上的な道」の謎であった。

哲学がわれわれの世界経験に尋ね求めているのは、世界が、人々によって語られる自明な物である以前に何であるのか、それが操作可能でわれわれの思いのままになる諸意味の総体に還元されてしまう以前には何であるのか、ということである。哲学はこの問いをわれわれの無言の生に向かって立てるのであり、反省以前の、世界とわれわれの混合物に向かって話しかけるのだ。

このように記すメルロー＝ポンティは、しかも、「哲学は依然として問いなのであり、世界と物に問いかけ、われわれの面前でのそれらの結晶化を捉え直し、反復ないし模倣する」と断言する。メルロー＝ポンティがセザンヌやクレーについて思索しながらこの困難な道を歩み、トルソとも思われる作品を遺したことは、きわめて重要なことだ。

現象学こそ芸術創造の謎へ測深の鉛を下ろす最も有効な学問的営みだったことを、晩年の彼の思索は教えている。近代芸術の革命を、年代誌もしくは作品制作の年次的整序といった進化史的歴史観によって跡づけるのではなく、作品創造のただなかから読み取るためには、『見えるものと見えないもの』が表現している難問を、何度も何度も「反復ないし模倣する」ことが必要なのだ。その真剣な繰り返しのうちで、現象学は、芸術作品のもつ、理念性でなく現実性に出会うことができるはずである。

四

『まだ手探りしている天使』と初めて出会ってから、もう二昔以上の歳月が過ぎ去った。あの当時、私の思索において展開されたドラマはいったい何であったのであろうか。その一斑を明るみに出そうとした試みがこの論文のモチィーフであった。

後半はメルロー＝ポンティに則して書いてみたのだが、そのために論じ切れなかったことはかなりある。たとえば、ハイデガーにおける、書かれざる第二の『芸術作品のはじまり』について。ハイデガーは、セザンヌ、クレー、そしてクレーの遺した厖大な講義録に親しむうちに、いつか、もう一度、徹底的に「芸術作品とは何か」を考え抜いてみたいと、周囲の人にもらしていたという。『芸術と空間』（一九六九年）、近年ようやく公表された『哲学への寄与』（一九三六―三九年）にしても、従来のハイデガー理解では把え切れない芸術への接近を感じ取ることはできる。

また、メルロー＝ポンティ『見えるものと見えないもの』において見え隠れする重大なモティーフ、否定（négation）ないし否定性（négativité）と否定主義（négativisme）の区別、これはアドルノの否定弁証法（Negative Dialektik）を思い起こさせる。アドルノの未完に終わった著作も美についての論述であった。

これらの事柄に関しては、いずれ稿を改めて論じてみたい。

最近、ひさしぶりで常設展のブリヂストン美術館へ行ってみた。かつて好きだったローランサンの絵は今も暗い瞳を投げかけていた。セザンヌの『サント・ヴィクトワール山とシャトー・ノワール』は相変わらず傲岸に見る者を睥睨していた。この絵の喚起する視覚の謎にたとえ半歩でも迫りえたか、何とも心許ない気になってきた。

そのとき、ふとクレーの言葉が思い出された。

私はこの世では全く理解され難い。なぜなら私はまだ生まれ出て来ないものの傍におり、そしてまた同じように死者の近くにもいるからである。世界の人よりは幾らか創造の根源の近くにいるのだが、まだまだ満足できるほどではない。

これは彼の墓碑に刻まれた彼自身の言葉である。

【参考文献】（アルファベット順）

（1）ヴァルター・ベンヤミン「歴史哲学テーゼ」（野村修訳）『複製技術時代の芸術』所収、紀伊國屋書店、一九六五年。
（2）ルートヴィッヒ・ビンスワンガー『夢と実存』（荻野恒一訳）みすず書房、一九六〇年。
（3）Franz Brentano, *Die Phasen der Philosophie*, Leipzig, 1926.
（4）ヘルマン・ブロッホ『ホーフマンスタールとその時代』（菊盛英夫訳）筑摩書房、一九七一年。
（5）土肥美夫『抽象絵画の誕生』白水社、一九八四年。
（6）フェルディナント・フェルマン『現象学と表現主義』（木田元訳）岩波書店、一九八四年。
（7）ジョワシャン・ガスケ『セザンヌ』（與謝野文子訳）求龍堂、一九八〇年。
（8）ヴィル・グローマン『Klee』（井村陽一訳）美術出版社、一九六七年。
（9）ヴェルナー・ハフトマン『パウル・クレー——造形思考への道』（西田秀穂他訳）美術出版社、一九八二年。
(10) エルマー・ホーレンシュタイン『言語学・記号学・解釈学』(平井正他訳) 勁草書房、一九八七年。
(11) E・ホーレンシュタイン『ヤーコブソン』(川本茂雄他訳) 白水社、一九八三年。
(12) エドムント・フッサール『現象学の理念』(立松弘孝訳) みすず書房、一九六五年。
(13) E・フッサール『ヨーロッパ諸学の危機と超越論的現象学』(細谷恒夫他訳) 中央公論社、一九七四年。
(14) E・フッサール「自然の空間性の現象学的起原に関する研究」(新田義弘他訳) 講座『現象学』第三巻所収、弘文堂、一九八〇年。
(15) E・フッサール「幾何学の起源について」『ヨーロッパ諸学の危機と超越論的現象学』(細谷恒夫他訳) 所収、中央公論社、一九七四年。
(16) ロマン・インガルデン編『フッサール書簡集一九一五—一九三八——フッサールからインガルデンへ』(桑野耕三他訳) せりか書房、一九八二年。
(17) 印象派・後期印象派展カタログ (ロンドン大学コートールド・コレクション) 高島屋、一九八四年。
(18) 井関正昭『イタリアの近代芸術　一八八〇—一九八〇』小沢書店、一九八九年。
(19) ローマン・ヤーコブソン『最新ロシア詩』(松原明訳)『ロシア・アヴァンギャルド』6 (フォルマリズム詩的言語論) 所収、国書刊行会、一九八八年。
(20) R・ヤーコブソン『詩学から言語学へ』(伊藤晃訳) 国文社、一九八三年。
(21) ウィリアム・M・ジョンストン『ウィーン精神』I、II (井上修一他訳) みすず書房、一九八六年。
(22) 亀山郁夫『甦るフレーブニコフ』晶文社、一九八九年。
(23) 加藤精司『フッサール』(Century Books 72) 清水書院、一九八三年。
(24) フェリックス・クレー『パウル・クレー』(矢内原伊作他訳) みすず書房、一九六二年。
(25) パウル・クレー「自然研究の道」(岸野悦子訳)『ドイツ表現主義』第四巻所収、河出書房新社、一九七一年。

（26）P・クレー『クレーの日記』（南原実訳）新潮社、一九六一年。

（27）P・クレー『クレーの手紙』（南原実訳）新潮社、一九八九年。

（28）P・クレー『造形思考』（土方定一他訳）新潮社、一九七三年。

（29）パウル・クレー展カタログ、伊勢丹美術館、一九八九年。

（30）パウル・クレー展カタログ、神奈川県立近代美術館、一九六九年。

（31）ルートヴィヒ・ラントグレーベ編『経済と判断』（長谷川宏訳）河出書房新社、一九七五年。

（32）クロード・レヴィ＝ストロース『野生の思考』（大橋保夫訳）みすず書房、一九七六年。

（33）前田富士男「自然研究への道――ゲーテとクレー」『ゲーテ年鑑』第一八巻所収、一九七六年。

（34）モーリス・メルロー＝ポンティ『知覚の現象学』（竹内芳郎他訳）みすず書房、一九六七年／一九七四年。

（35）M・メルロー＝ポンティ「セザンヌの懐疑」（粟津則雄訳）『意味と無意味』所収、みすず書房、一九八二年。

（36）M・メルロー＝ポンティ『眼と精神』（滝浦静雄他訳）みすず書房、一九六六年。

（37）M・メルロー＝ポンティ『言語と自然』（滝浦静雄他訳）みすず書房、一九七九年。

（38）M・メルロー＝ポンティ「哲学者とその影」（木田元訳）『シーニュII』所収、みすず書房、一九七〇年。

（39）M・メルロー＝ポンティ『見えるものと見えないもの』（滝浦静雄他訳）みすず書房、一九八九年。

（40）Kevin Mulligan, The Expression of Exactness : Ernst Mach, the Brentanists and the Ideal of Clarity, in, Robert B. Pynsent ed., *Decadence and Innovation — Austro-Hungarian Life and Art at the Turn of Century*, London, 1989.

（41）ローベルト・ムジール『特性のない男』（高橋義孝他訳）新潮社、一九六四年。

（42）Leonard Nelson, An die freie deutsche Jugend und ihre Freunde, in *Die Neue Reformation*, Erster

Band, Leipzig, 1917.

(43) コンスタンス・リード『クーラント』(加藤瑞枝訳) 岩波書店、一九七八年。

(44) ライナー・マリア・リルケ『ドゥイノの悲歌』(富士川英郎訳)『リルケ全集』第三巻所収、弥生書房、一九七三年。

(45) ジョン・リウォルド編『セザンヌの手紙』(池上忠治訳) 筑摩書房、一九六八年。

(46) Kerl Schumann, *Husserl-Chronik*, Hague, 1977.

(47) Hans Rainer Sepp hrg. *Edmund Husserl und Phänomenologische Bewegung*, München, 1988.

(48) Herbert Spiegelberg, *The Phenomenological Movement*, Hague, 1982.

(49) Ibid., *Phenomenology in Psychology and Psychiatry*, Evanston, 1972.

(50) ピーター・シュタイナー『ロシア・フォルマリズム』(山中桂一訳) 勁草書房、一九八六年。

(51) 立松弘孝編『フッサール』(『世界の思想家』19) 平凡社、一九七六年。

(52) スティーヴン・E・トゥールミン、アラン・S・ジャック『ヴィトゲンシュタインとウィーン』(藤村龍雄訳) TBSブリタニカ、一九七八年。

(53) 山中桂一『詩とことば——ヤコブソンの言語哲学I』勁草書房、一九八九年。

ドイツ・ロマン主義考——再評価の難しさについて

東欧のソ連からの離反、ソ連邦内部における民族問題の噴出、そしてソ連共産党による一党独裁の放棄、時代はまさしく激動している。二十世紀の終りにあたって、歴史の女神クレオは今世紀の収支決算を急いで行なっているのだろう。

こうした世界政治の激動をまのあたりにしつつ、本棚の奥から古ぼけた文献を取り出し、埃を払いながら、かつてのスターリン主義全盛時代の文献を繙くことは、どう考えてみても反時代的な試みといえよう。しかし、二十世紀が総体としての収支決算を記そうとしているとき、この書物の意味を、さらにはあの冷戦の時代にあのような書物を刊行した著者について考え直してみることが必要に思えてきた。十九世紀末からの、ドイツにおけるロマン主義復興がどうして狂信的なナチズムの嵐のなかに組みこまれていってしまったのか、この問いを考えるためには、まずこの書物についてもう一度考えてみたくなったのである。

ジェルジ・ルカーチの『理性の破壊』（一九五四年）を初めて読んだのがいつのことだったか、今になってみると思い出すことは難しい。一九六〇年代の初めの頃、河出書房版『世界思想全集』第一期第三十一巻の二冊本を読んだ時はこちらの十九世紀後半から二十世紀にかけてのドイツ思想史の知識があまりにも乏しく、総計五百数十名の思想家について言及するこの大著の迫力に圧倒され、途中で放り出してしまった覚えがある。一九六八年、白水社版『ルカーチ著作集』第十二〜三巻として改訳された本を手にした時は、ちょうどアドルノの「強請された和解」（『文学ノート』所収）を読んでいた時だっただけに、文化監督官ルカーチの、さながら大審問官的な異端審問の論調の厳しさに対して、異様な感触をもった記憶がある。アドルノやホルクハイマーがルカーチを社会主義リアリズムの文化官僚と論難するのに対して、ルカーチが二人を含むフランクフルト学派の思考をグランドホテルの深淵に気づかない頽廃的思索ときめつけたことは有名な話だが、『歴史と階級意識』を書いた当の本人とその書物によってマルクス主義に近づいたアドルノやホルクハイマー、この両者がかくも鋭い対立の構図のうちに過ごした一九五〇年代を、いま振り返ることは本当に時代錯誤なのだろうか。

　アドルノはこの『理性の破壊』を評して、この書物がルカーチ自身の理性の破壊と批判した。二人の当時の対立の構図からすれば、当然の言葉かもしれない。しかし、あえてこの書物の提示する問題の俯瞰図をしばらく追っていくことにしよう。

　ルカーチは「十九世紀と二十世紀のドイツはいぜんとして非合理主義の『古典的』国土であり、非合理主義がもっとも多面的にかつ包括的に展開された土地である」とし、だからこそ、この土地の研究を「マルクスがイギリスにおける資本主義を検討したようにもっとも教訓ゆたかなしかた」で研究しようと言明している。彼はこうした非合理主義思潮の対極に、デューラー、ミュンツァー、ゲーテ、マルクスを生んだ民族という偉大な過去を置くのだが、この書物において召還される非合理主義者たちを一瞥するなら、そこにシェリングの後期哲学、ショーペンハウアー、キルケゴール、ニーチェ、そして生の哲学という十九世紀後半から二十世紀初頭のドイツにおける哲学の主要な思惟潮流、さらにドイツ社会学の成立からナチ下の社会学の動向、ゴビノーからチェンバレンへ受け継がれる人種主義的世界観、さながらドイツにおける後期ロマン主義もしくは新ロマン主義と呼ばれる思潮の過半が網羅されている印象をもつに違いない。

前ファシズム期の思想家として論難されるクラーゲスやエルンスト・ユンガー、そしてカール・シュミットに関する厖大な引用は、ルカーチ自身が鋭く論難している本文よりも迫力がある。この引用文との対比は、いま読んでも不可思議な印象を読む者に与えるに違いない。たとえば、シュミットに関するルカーチの評価は興味深い。

ルカーチは「カール・シュミットの場合には、ドイツ社会学のファシズムへの合流は、可能なかぎり、もっとも決定的なものとしてあらわれる」としつつも、「なによりも特筆さるべきことは、シュミットがあらゆる復古的イデオロギーを拒否し、それと関連して、ロマン主義者の当世風な讃美には辛辣な嘲弄を呈することである。とくにかれは、シュパンその他の人びとによって尊重されたアダム・ミュラーを嘲笑する。かれはその方向の無効なることを証明するために『政治的ロマン主義』についての一冊の書物を書いている」と書き留める。ここでは、アダム・ミュラーに関する評価をめぐって、全体主義社会学者オトマール・シュパンとシュミットの相異がはっきりと明示されている。すなわち、シュミットはシュパンのごとき復古的ロマン主義者ではなく、時代遅れなロマン主義とは別の新しい反動的イデオロギーの必要性を考えていた、とルカーチは考える。

ルカーチの『政治的ロマン主義』に対する評価は『グリューンベルク・アルヒーフ』(一九二七年)に載せられた『政治的ロマン主義』第二版への書評から基本的には変わっていない。その書評のなかで、ルカーチはシュミットの本の功績として、「かれは、美学的原理のこうした肥大(美学的なものの機能の増大——矢代注)があらゆる一義的で制御可能な、それゆえ科学的に考察できる思考を揚棄してしまい、あらゆる政治的な態度決定を不可能にすることを、きわめて正しく示すだけではなく、こうした立場が美学的なものそれ自体におよぼす破壊的な影響をも的確に指摘する」ことを認めていた。さらに、シュミットの分析の限界がドイツ・ロマン主義の社会的意味に迫れなかったところにあることを指摘した点も、『理性の破壊』で踏襲されている。

ルカーチがシュパンの復古的ロマン主義にあびせかける論難と、シュミットの『政治的ロマン主義』に与える評価とも思える言葉使いは、以前から不可思議に思えたものだ。この書物におけるシュミットの筆鋒はドイツ・ロマン派への論難のレベルにおいて、最も辛辣なものだったからである。『政治的ロマン主義』第一版(一九一九年)と第二版(一九二五年)の間に書かれたシュミットの小論文「政治理論とロマン主義」(一九二一年)に触れられているノヴァーリスの国家観に触れたくだりを記してみよう。

ノヴァーリス、そしてアダム・ミュラーがプロイセン国家を評価するとき、啓蒙君主フリードリヒ二世のプロイセンは単調な機械もしくは工場であるのに対して、魅惑的な女帝ルイーゼとその夫フリードリヒ・ヴィルヘルム三世を擁するプロイセンはもっとも美しくかつ詩的な国家形態であると言明することに、シュミットは着目する。君主制の尊厳が「人々の胸に必然的に湧き上がり、その本性の高い憧れを満たしてくれる詩」に基づいているとロマン派が語るとき、シュミットはドン・キホーテを引き合いに出す。

現実の国王の姿の何たるかは故意に無視され、国王の果たすべき機能は美しき神話との、従って美しき感情の対象との結節点になるところにあるわけなのだ。——この状況は、騎士小説の愛読者たるドン・キホーテにおいてもっともみごとに表現されている。ドン・キホーテは自己のドゥルシネーアに対する関係について述べて曰く、彼女が私の高貴なる熱狂の対象でありさえすれば、現実のドゥルシネーアが誰であろうとも知ったことではない、と。

郷士ドン・キホーテにとっては、彼がのぼせ上がった百姓娘は王女か高貴な奥方のような名前さえもっていれば、それだけで熱狂の対象となりうるし、それで十分というわけだ。シュミットはこのような論証を積み重ねつつ、ロマン主義の機会原因論的構造を明らかにしていくのだが、この論調がたんにドイツ・ロマン主義の精神史的背景を明るみに出すことだけを意図していたとは到底考えられない。第一版の刊行が一九一九年だったことを、もう一度強調しておくべきだろう。

この年は、スパルタクス団の一月蜂起に始まり、ワイマール共和国成立の年である。ルカーチがハンガリー・レーテ共和国で教育人民委員代理を務め、革命の失敗後にウィーンへ亡命（九月中旬）した年でもある。この亡命の期間、彼はメシア的ユートピア主義に取りつかれ、『歴史と階級意識』（一九二三年）にまとめられる論文とともに、おびただしい量の政治論文、書評を書いている。

また、一九一九年がダダイズムのもっとも盛んだった時期であったことを注意しておくことも重要だ。ベルリン・ダダはこの年の二月六日、レストラン・ラインゴルドの皇帝(カイザーザール)の間に集まり、ワイマール共和国創設に反対する集会を開き、ダダ長官ヨハネス・バーダーを地球の大統領に任命した。六月にはベルリン・ダダの雑誌『デア・ダダ』第一号が発刊される。

われわれがダダと呼んでいるのは、虚無から生まれた阿呆な仕種、たとえば古代剣闘士の所作とか、みすぼらしい残滓物との戯れとか、見せかけの道徳心や充足感とかの処刑だ。その虚無のなかには高い次元の問題のすべてがもつれこんでいる。

ダダイストは、異常なことを好むが、それのみならず不条理なことさえ好む。ダダイストは、矛盾のなかでこそ生命が自己を主張すること、またいまの時代が前代未聞の様相で高貴な者の絶滅に向かっていることを知っている。だからあらゆる種類の仮面を歓迎するのだ。だましの力をそなえたどんな潜伏術も歓迎だ。とてつもない不自然のまっただなかで、直接的原初的なものが、ふつうでは信じられないような姿をとってダダイストに現われてくる。

一九一六年六月十二日、チューリヒでフーゴ・バルは日記にこう記している。バルがアナーキズムの文献に通じているばかりでなく、ノヴァーリスへの共感を日記に記していることは、ドイツ・ロマン主義がダダからシュルレアリスムの過程で再発見されていく経過を考慮するなら、大変意味深いことだ。

ギムナジウムの時代（一九〇七年以前）にシュティルナーの『唯一者とその所有』に感動したと伝えられるシュミット、一九一二年前後にドイツ表現主義の詩人の先駆といわれているドイブラーの『北極光』に感動したシュミット、法学的思考とは別にこのような感性をもっていた彼にしてみれば、革命の熱狂やダダの破壊的言辞がどのような危険性を孕むものだったか、容易にみて取れたはずである。フーゴ・バルの記している高貴な者が絶滅に向かっている事態とは、第一次世界大戦のことだ。ベル・エポックの甘美な逸楽のうちに時代を過ごしていたヨーロッパの人々にとって、この大戦はまさしく前代未聞の出来事だった。

一九一四年の夏は、それがヨーロッパの土の上にもたらしたあの禍いがなくても、同じようにわれわれにとって忘れえぬ夏であったろう。というのは、私はこの夏ほど豊かな感じで、美しい、そしてほとんどこう言いたいのだが、夏らしい夏を体験したことは稀だからである。空は毎日毎日絹のように透明な青で、大気は柔かだが蒸し暑くはなく、牧場はかぐわしく温かく、若緑の森は欝蒼と茂っていた。今でもなお、夏という言葉を口にすると、私は思わず知らず、私が当時ウィーンの近くのバーデンで過ごしたあの輝く七月の日々のことを思わざるを得ない。

S・ツヴァイクが「昨日の世界」として思い起こすベル・エポック最後の瞬間はこのような情景であった。バーデン温泉の楽隊の演奏が突然中断され、フランツ・フェルディナント暗殺の報が入る。ヨーロッパ世界はまたたく間に全面戦争の事態に突入した。

ドイツ側にとって、この戦争は文明（ツイヴイリザツイオーン）に対する文化（クルトウール）の戦いと見做された。この二つの概念をトーマス・マンは『戦時随想』（一九一四年十一月）において、次のように定式化する。

文明と文化とは単に同一ではないばかりか対立物である。……文化は明らかに野蛮の反対物ではなく、むしろ様式をもった野蛮状態にすぎないこともよくある。……文化は神託を、魔術を、男色を、異端糺問を、宗教裁判を、舞踏病を、魔女裁判を、毒殺の横行を、色とりどりの残虐行為をふくみうる。逆に文明は理性であり、啓蒙、馴致、教化、懐疑、分解でありつまり精神である。左様。精神は文明的であり、市民的である。……

ドイツの第一次世界大戦参戦への支持を表明した彼の激しい口調に感じ取られるものは何だろうか。彼自身は、この後、『非政治的人間の考察』と題された大論文を書いて、大戦後はワイマール共和国支持の立場へ移っていくのだが、一九一四年の段階においての彼は先の引用文で明瞭なようにフランス文明に対するドイツ文化の戦いを熱烈に支持していた。

ロマン主義がフランス革命に対する反動として現われたとは一般にいわれることだが、第一次世界大戦に際してのドイツとフランスの軍事的な対決に、この議論がより根底的な形で蒸し返されていたことに注意すべきであろう。ドイツのロマン主義思潮を考える時の難しさはここに帰因するといってよい。文化の文明に対する戦いは、ナチズムの世界侵略にまで遠くこだましているからだ。けれども、この論点に関しては後に触れることにして、今は第一次世界大戦のルカーチ青春時代のことについて、しばらくスポットをあててみよう。

ルカーチは一八八五年にブダペストに生まれた。同年、エルンスト・ブロッホがルートヴィヒスハーフェンで生まれている。ベンヤミンは一八九二年、シュミットは一八八八年、ハイデガーは一八八九年の生まれだ。一八七五年生まれのT・マンは、『非政治的人間の考察』のなかで、自分が「十九世紀の子」であることを語っているが、マンがマックス・ウェーバー（一八六四年生まれ）とルカーチの中間に生まれていることは注意する必要がある。世紀転換期において、ウェーバーは三十代半ば、マンは二十代半ば、ルカーチは十代半ばだったという事実は、彼らの思想を考えるうえでも無視しえないことがらなのだ。というのも、一九〇一年頃のドイツには、今世紀のドイツを考えるうえで無視できない二つの動きが登場したからである。ひとつはワンダーフォーゲルと呼ばれるドイツ青年運動の勃興であり、もうひとつはパリ・モンマルトルの黒猫（シャ・ノワール）の影響を受けたカバレットの誕生だ。

一九〇一年十一月四日、ベルリン郊外のシュテグリッツの町役場地下食堂（ラーツケラー）の裏部屋で始まった青年運動、すなわちワンダーフォーゲル運動は急速にドイツ全土へ広まった。この怒れる若者たちの運動は、急速に成長したドイツ帝国の、生命力、熱気、感情、理想を欠いた俗物の支配への公然たるプロテストであった。ドイツ帝国は急激な工業化にもかかわらず、ブルジョワ革命は不徹底であり、ブルジョワ階級の台頭は不十分で、帝国公認のイデオロギーは皇帝（カイザー）と帝国（ライヒ）に対するプロセイン的観念に拠っていた。若者たちの反抗はこうした旧秩序の支配と急速な工業化の進行とで生ずるアンバランスな世間に向けられた。この運動を支えた理念はロマン主義的心情であった。自然への回帰、工業文明からの逃避、簡素な生活の強調、民謡や民間伝承の再発見、中世への郷愁など、これらはドイツ・ロマン主義への帰郷ともいえる運動だったのである。

ドイツにおけるカバレット開設に拍車をかけたのは一八九八年のイヴェット・ギルベールのドイツ客演、そして一九〇〇年に開催されたパリ万博へドイツ人が多数見物に行ったことだ。一九〇一年、ベルリン・ケペニック街に「超寄席（ユーバーブレットル）」劇場が開設された。ビーアバウムはその前年、この劇場の開設をあてこんで『ドイツのシャンソン』を編纂し刊行した。この劇場そのものは短命に終わったが、カバレットにおけるパロディ演劇、諷刺に充ちたドイツ・シャンソンは、ミュンヘンで同じ頃に結成されたグループ「十一人の死刑執行人」にも受け継がれた。

ハイデルベルク大学教授在任中の一八九七年、重い神経症のために療養生活を余儀なくされていたウェーバーは、世紀転換期のこうした事態に対して、心ならずもの傍観者であったが、二十代半ばのマンの場合は事情が異なっている。

一八九六年から九八年の間、兄のH・マンとイタリアに滞在し、出世作『ブッデンブローク家の人々』を執筆していたT・マンは、イタリアから帰った後、一九〇〇年まで、ミュンヘンで刊行されていた雑誌『ジンプリツィシムス』の原稿鑑査・校正係をしていた。一八九六年にこの週刊誌を創刊したランゲンは、仕事仲間にヴェーデキントやT・ハイネをもち、自分自身で「文学ヴァリエテ」のようなものをミュンヘンで開設したい意向をもつ人物だった。そして、当時のミュンヘンは『ジンプリツィシムス』創刊と同じ年に創刊された雑誌『ユーゲント』の名を取ったユーゲント様式（シュティル）の花咲いた都であった。

「ミュンヘンは輝いていた」で始まるマンの短篇『神の剣』（一九〇二年）は、当時の彼自身のミュンヘン生活を投影させた佳篇だが、彼がミュンヘン・シュヴァービングの名士たちと、この時代にかなりしばしば交遊していたことは確かである。

ここでようやくルカーチの登場となる。一九〇二年、十七歳の彼は『マジャール・サロン』誌にハンガリー語で「劇場」と題する処女論文を書いた。また、サボーによる「ブダペスト革命的社会主義学生同盟」結成に参加する。ベル・エポック時代のルカーチの活動はまず演劇の理論家として出発したことに注意する必要がある。一九〇四年、十九歳の彼は民衆演劇運動である「ターリア劇場」設立に参加し、その中心的理論家として一九〇七年まで活動した。このターリア劇場の開設は十九世紀末に創設された「アイルランド文芸劇場」の運動、ドイツでの「フライエ・ビューネ」(自由劇場)運動と呼応する民族演劇の運動であった。ルカーチはこの演劇運動を理論的に指導しつつ、『近代演劇の発展史』と題する大著を書いた。ハンガリー語の二冊本でこの書物が刊行されたのは一九一一年だが、ドイツ語でこの書物の全貌に接しられるようになったのは一九八一年になってからだ。そして、一九八二年には『ルカーチ書簡集一九〇二―一九一七年』が刊行され、その翌年には英語で『ルカーチ・リバイバル』(A・ヘラー編)が出版された。残念ながら、この時代の日本ではルカーチの影響力は著しく低下し、世紀転換期の文化情況下での彼のテクストを読み解く作業はそれほど行なわれなかった。

この『演劇史』と、日本では処女エッセイ集と見做されている『魂と形式』(ハンガリー語・一九一〇年ドイツ語増補版・一九一一年)について、以下論じてみよう。

『演劇史』はルフターハントの著作集でも六〇〇ページもある大著だ。一九〇八年、すなわち二十三歳のルカーチはこの著作で、書物刊行以前であったが、キシュファルディ協会のクリスティーナ・

ルカーチ賞を受けた。この年から翌年にかけ、ルカーチはベルリン大学へ留学し、ジンメルの授業を聴講する。このことからして、『演劇史』の大綱はこの時代にほぼ完成していたと考えられる。今日、ドイツ語でこの書物を繙読する者にとって、二十三歳の若さでこれだけ大部の書物を書きえた彼の才能は驚嘆するほかはない。

本書の中心問題は、すなわち、こうである——近代演劇というものは存在するのか？　そしてそれはいかなる様式をもっているのか？　この問題は、だがしかし、様式の問題がすべてそうであるように、まずなによりもひとつの社会学的問題である。このテーマを遺漏なく論じつくすことは、もちろん本書の枠内でできることではない。わたしはただ、若干の一般的な見解を述べうるにすぎない。

このように書き出される『演劇史』は、まず近代演劇におけるドラマの概念的検討を行なった後で、ドイツ古典主義演劇からフライエ・ビューネまでの十九世紀ドイツ演劇をフランス演劇との対比の下で詳細に論述していく。なかでも注目すべき論述は第五章のメーテルランク論からの記述である。ワーグナーの楽劇との比較を用いつつ展開されるメーテルランクの象徴劇分析は、ダヌンツィオ論、ホーフマンスタール論と書き継がれ、さながら世紀末演劇の情況が見て取れるような臨場感がある。そして、終り近くに『魂と形式』にも登場するベーア・ホフマンへの共感が表明されている。

けれども、おそらく客観性とは、一種の反語(イロニー)なしには決して存在しないものかもしれない。事物をもっとも深いやりかたでまじめにとることは、つねになにかしら反語的(イローニッシュ)である。なぜなら、それにもかかわらずなおどこかで、原因と結果との、運命をよびおこすこととよびおこされた運命との、大きな裂け目が、明らかにならざるをえないからだ。そして、もろもろの事物の平穏な歩みが自然であればあるほど、このイロニーはますます真実に、ますます深くなる。

この文章はT・マンの『大公殿下』に対するルカーチの書評(一九〇八年)の一節だが、この文章の背後に『演劇史』が書かれていた事実はここで用いられているイロニー概念を考えるうえでも重要なことだ。文脈ではマンのイロニーの多様化に則して用いられているが、ルカーチのイロニー概念は『魂と形式』において或る通奏低音のごとき要素を受けもっている。

アイロニーといまぼくがいったのはこういうことだ。批評家はいつでも生の究極の問題について語っているのだが、その口調は、いま話題にしているのは絵画や書物のこと、大いなる生を彩るいじらしくはかない装飾のことにすぎない、とでもいいたげなのだ。こういうわけですべてのエッセイは、能うかぎり生から遠ざかっているように見え、この隔離は、両者の真の本質の事実上の近さが、ひりひりと痛いばかりに感じられれば感じられるほど、いよいよはなはだしくなるように思われる。

「レオ・ポッパーへの手紙」と副題された『魂と形式』序論の「エッセイの本質と形式について」の一節だが、この切迫した口調の背後にルカーチのどのような気持が投影されていたのであろうか。

A・ヘラーは先に記した『ルカーチ・リバイバル』のなかで、ルカーチの恋人イルマ・ザイドレルとルカーチについて論評している。この論文や彼の書簡集を読むことによって、一九〇七年十二月の出会いから一九一一年五月十八日のイルマの自殺までの二人の付き合いがおぼろげながら分かるようになった。イルマは、『魂と形式』における隠れたミューズの役割を果たしていた。『魂と形式』の至るところでちりばめられているプラトン主義的愛への憧憬はイルマへの愛の表明であった。

生活のなかでは憧憬は愛にとどまるほかはない。それが憧憬の幸福であり悲劇である。偉大な愛はつねに禁欲的である。愛するものを最高の高所に高めてそれを愛からもそのもの自体からも遠いものにするか、あるいは、それをたんにスプリング・ボードとして利用するか、そこに区別はない。

シャルル＝ルイ・フィリップ論である「憧憬と形式」の一節だが、ヘラーの詳細な分析をまつまでもなく、このように書き留めるルカーチにイルマの求愛は届くはずはなかった。キルケゴール論におけるレギーネ・オルセン、ルイ・フィリップ論におけるマリ・ドナディユ、ノヴァーリス論におけるゾフィー、これらの恋人たちのなかにイルマの相貌が揺曳しているのをひとは容易に読み取ることができるだろう。『魂と形式』は著者が一九一一年に刊行されたドイツ語版を彼女への献辞で飾った通りのものだった。

ルカーチはイルマの自殺をフィレンツェへ旅行している時に知った。この地は二人にとって初めて相互の愛を確かめ合ったところだった（一九〇八年六月六日）。彼女の自殺を防ぎえなかった自分の無力さを訴えるレオ・ポッパー宛の手紙は痛々しい（一九一一年五月二十六日）。

一九一二年、ルカーチは「精神の貧しさについて——対話と手紙」と題するエッセイを雑誌に載せた。この文章は虚構のスタイルをとっているものの、イルマの死が彼へ与えた衝撃の深さが生々しく語られている。

そう、ぼくは、あのひとの死にたいして責任があるのです。まったくわかりきったことだ。人間的な道義のあらゆる規定にてらせば、ぼくには何ひとつ罪はないし、むしろ逆に自分の義務を（……）すべて立派に遂行してきました。……あのひとは知っていたのだ。ぼくから求めて得られないようなものなど何ひとつ存在しない、ということを。しかし、あのひとは何も要求しなかったし、ぼくは何も見ず、何も聞かなかった。あのひとの沈黙の声高な、救いを求めて叫ぶ声にたいして、ぼくはそれを聞く耳をもたなかったのです。

作者ルカーチは、この文章のなかで自らの投影でもある主人公＝語り手をピストル自殺させている。作者である彼は主人公を死なせることによって、イルマの死の与えた衝撃、それによる自己の内面的な精神の危機を乗り越えようとした。けれども、この倫理主義的な「責任」の観念は、共産党に入党した後のルカーチの言説にもこだましているように思う。『歴史と階級意識』以前のルカーチは、もっと見直される必要がある。世紀転換期の創造批評として、カースナー、ジンメルの系列にルカーチの『魂と形式』を置くだけではなく、『演劇史』を当時の演劇批評の文脈において位置づけることも重要な作業といえるだろう。

二十代半ばのルカーチがこうした内面での精神の嵐をくぐり抜けたとき、第一次世界大戦が勃発した。この後の彼については語る必要はないだろう。

『理性の破壊』が、どうしてドイツにおける非合理主義思潮のかなりまとまったカタログとなりうるのか、もう理解してもらえたと思う。アドルノのいうように、この書物はたしかにルカーチ自身の理性の破壊のような外見をとっている。しかし、そうとばかり断ずるのは一面的な断定のそしりを免れない。この書物には、彼自身の過去への回想、そして、いとおしみが眼には見えないように縦横に組みこまれているのだ。それゆえに、著者自らの弾劾をよそに、引用されている当の非合理主義者たちの文章が異様なまでに生彩をもって立ち現われてくる結果となる。ドイツにおける十九世紀後半からナチズム期までの思想的流れを考えるとき、この書物は今なお、ひとつの導き手となるはずだ。ここに語られている多くの思想を、共時的かつ通時的にひとつのコンテクストにまとめあげる作業がこの国においてなされていない以上、この書物のアクチュアルな価値は失われてはいない。

一九二七年、ルカーチがシュミットの『政治的ロマン主義』第二版への書評を書いた年、シュミットは有名な敵・味方理論を定式化した「政治的なるものの概念」を発表した。そして翌年、彼の主著とも見做せる『憲法理論』を刊行する。この『憲法理論』において彼は、ワイマール共和国における議会がその代表的性格を喪失しており、多元的な利益集団の代弁者たちの政治的な取り引きの場と化していることを批判した。そして、真の国民意志は「喝采（アクラマチオン）」によって表明されると説いた。まるで、どこかの国の現在とその危機の質において同じなのだが……。

シュミットが大統領独裁への道を拓いたのはワイマール共和国の指導力を強化するためだったとする意見もあるが、ナチズムの政治権力掌握への道の土ならしを彼が行なった事実はこばみようもない。けれども、ここで注意しなければならないのは、ナチ党はワイマール共和国憲法に従って政権を掌握した事実である。

一九三〇年十月十七日、T・マンは総選挙におけるナチ党の躍進を批判しつつ、「理性に訴える」と題する講演を行なった。このなかでナチズムを非難した言辞は興味深い。彼はナチズムの運動が「生命概念を思考の中心に据える非合理主義的反動であって、無意識的なもの、ダイナミックなもの、暗く創造的なものなど、もっぱら生命を賦与する力を看板にかかげ、単に知的なものとしか理解されない精神などは生命を殺すという理由で拒否し、この精神に代えて、魂の暗部、母性的冥府的なもの、神聖にして多産な下界を、生命の真実として称えた」という指摘は、ロマン主義思潮の問題を考えるうえで重大な意味をもつ。これに続けて語る彼の言葉にいま少し耳を傾けてみよう。

私たちがここで問題にしている政治運動、つまり国家社会主義の運動を、精神的なものの側から強化しようと集まっているのは、今までに述べたものばかりではありません。そこには、大学教授のあいだから生まれたある種の言語学者イデオロギー、つまりゲルマン学者ロマン主義や北欧信仰もあって、これが、人種的（rassisch）、民族的（völkisch）、同盟的（bündisch）、英雄的（heldisch）などといった語彙をまじえ、神秘的で荒けずりな、ひどく趣味の悪い響きをもつ慣用句を使って、一九三〇年のドイツ人に説教を垂れ、教養のよそおいをもつ熱狂的野蛮性という成分をあの運動に加えてやっていますが、これは、私たちを戦争に引きこんだ、世界にうといあの政治的ロマン主義以上に危険で、世界を遠ざけることになりますし、頭脳を押し流し、膠着させてしまいます。

残念ながら、彼の訴えはナチズムの嵐のなかで潰え去ってしまった。しかしながら、そうした歴史の事実があるからこそ、ロマン主義のドイツにおける運命的転回は今日なお現実的課題であるといえるだろう。

これまでの記述において、あえて現在西ドイツで刊行されている文献を挙げずに論を進めてきたが、こうした論点は一九七〇年代後半から八〇年代にかけて、西ドイツで論議されてきた論点を私なりに整理したものである。ディコンストラクションの嵐が一応終息したかにみえる今日、欧米の批評の動向はロマン主義の再検討に向かいつつある。西ドイツにおいても、ポスト構造主義の検討から、再びドイツ・ロマン主義の再検討が始まっている。おそらく、ドイツ再統一が現実的課題となった現在、後期ドイツ・ロマン主義の政治ロマン主義的な転回はいっそう論議されていくと思われる。

※引用かつ参考にした文献は、本文中に記した以外に、『ルカーチ著作集』（白水社）第一巻『魂と形式』、

『ルカーチ初期著作集』（三一書房）第一巻・第四巻、カール・シュミット『政治思想論集』（社会思想社）、フーゴ・バル『時代からの逃走』（みすず書房）、『ツヴァイク全集』第十九巻「昨日の世界」（みすず書房）、『トーマス・マン全集』（新潮社）第十巻「理性に訴える」、脇圭平『知識人と政治』（岩波新書）、池田浩士『初期ルカーチ研究』（合同出版）など。

　参照した欧文をいくつか摘記しておく。

Georg Lukács, *Enwicklungsgeschichte des mogernen Dramas*, Darmstadt, 1981.
Georg Lukács, *Briefwechsel* 1902–1912, Budapest, 1982.
Agnes Heller, ed., *Lukács Revalued*, Oxford, 1983.
Karl Heinz Bohrer, hrg., *Mythos und Moderne*, Frankfurt am Main, 1989.
Karl Heinz Bohrer, *Die Kritik der Romantik*, Frankfurt am Main, 1989.
Christa Bürger, hrg., *Zerstörung des Mythos durch Licht*, Frankfurt am Main, 1986.
Thomas Koebner, Rolf-Peter Janz u. Frank Trommer, hrg., 《*Mit unszieht die neue Zeit*》*Der Mythos Jugend*, Frankfurt am Main, 1985.

ロマン主義と美的モデルネの可能性

——カール・ハインツ・ボーラーの思索について

最近、ワーグナーの《ニュルンベルクのマイスタージンガー》の聴き較べをした。アナログ・ディスクを別として、CDセット三種を聴き通してみた。三種とはフルトヴェングラー（一九四三年）、クナッパーツブッシュ（一九六〇年）、カラヤン（一九七〇年）、前二者がバイロイトのライヴで、最後のはドレスデン国立歌劇場のオーケストラとの録音だった。聴いてみて最も印象深かったのは、一九四三年の決して音質的には満足とはいえないフルトヴェングラー盤だった。何といっても、終幕のヤーロ・プロハスカの歌うザックスに圧倒されたといってよい。ザックスがマイスターになるのを断わるワルターを諭しつつ歌うこの歌の内容はかなり意味深長なものだからだ。ザックスはドイツ民族と帝国に国外からの危険が迫っていることを告げ、ドイツのマイスターたちが真にドイツ的なものを守らなければ、外国のつまらぬがらくたがこの国土に植えつけられることになると説く。そして、騎士の身分にこだわるワルターにマイスターたちを尊敬せよと命じ、騎士がマイスターの名誉をともに分かち合うのなら、「神聖ローマ帝国はもやのごとく消え去り、聖なるドイツの芸術が、我らの手に残るでしょう」（渡辺護訳）と断ずる。この後、コーラスが続き、幕切れになるのだが、民族（フォルク）と帝国（ライヒ）に対する王国(マジェステート)の対比が実に鮮明なのだ。ワーグナーは最初、この長大な歌をドラマの筋と直接関係がないとしてカットしようとしたが、コジマの進言で思い止まったという。もし、この部分が削除されていたとしたら、この曲の幕切れがここまで盛り上がったものになったかどうか疑問である。そして、第二次大戦中、最後のバイロイト・ライヴは何よりもこのことを示している。遺された第三幕の写真では巨大なハーケンクロイツの旗が掲げられているのにもかかわらず、「第三帝国(ライヒ)がもやのごとく消え去っても、聖なるドイツ芸術は我らの手に残る」と聴こえてくるからだ。もとより、ヒトラーを初めとするナチ党幹部にはそのように聴こえなかっただろう。しかし、一九四三年のドイツ民衆の意識にはこうした祈念があったように思うのは、過去を見る私たちの僻目ばかりではないはずである。

「民族(フォルク)と帝国(ライヒ)」、東西に分断されていたドイツが統一されたとき、この言葉がまず思い起こされた。確かに再統一された国家は連邦共和国であり、実質的には旧西ドイツによる旧東ドイツの吸収合併である。しかし、再統一されたドイツがベルリンを首都とするとき、今後使用するかしないかの問題があるにせよ、旧国会議事堂(ライヒスターク)の存在は無視しえないだろう。そして、十九世紀初頭以来の大問題である「国民(ナチオン)と民族(フォルク)の対立」、遠く宗教改革三十年戦争に遡る「ドイツ問題」がふたたびドイツの行く手に立ち現われてきたように思われる。

ドイツ・ロマン主義を、いま、どうして真剣に検討しなければならないのか、この問いかけはドイツにおける「国民と民族」の問題を考えることに通じている。ここでは、カール・ハインツ・ボーラーがベンヤミンの影響の下に展開している議論を若干紹介しつつ、ドイツ・ロマン主義とモデルネの問題に接近してみよう。

一九三五年に生まれ、現在『メルクール』誌の主幹をしている批評家ボーラーは日本ではあまり知られてはいない。その原因は『シュルレアリスムとテロル』(一九七〇年)の訳書(西川賢一・山崎弘之訳、合同出版、一九七二年)が書店からすぐにその姿を消してしまったためかもしれないが、そうした外的要因以外にも、同時代の批評営為を紹介し続けていくという最も基本的な営為がドイツ文学批評の場合、ほとんど等閑視されていたことに主たる原因があるように思う。エンツェンスベルガーやハーバーマスがこれだけの量、訳出紹介されているにもかかわらず、ボーラーに関しては今回の『メルクール』誌の論文(「親離れする美学」)の訳出が「破壊のメタファーへの回顧」(鈴木直訳、『現代思想』一九八六年十月号)を考慮しても、ひさしぶりのものだということを強調しておく必要がある。ハーバーマスが「ドイツ・マルク・ナショナリズム」(『ツァイト』紙一九九〇年三月三十日号、三島憲一訳、『思想』一九九〇年七月号)の後半部分で、かなり手ひどくボーラーを批判しているが、当のボーラーの論文が紹介されていない以上、何とも不公平の観をまぬかれない。ここではボーラーの七〇年代から八〇年代にかけての所論すべてにわたる紹介は不可能と思うが、彼がベンヤミン読解を通じてこの間、どのような作業を積み重ねてきたかを少し考えてみよう。

ベンヤミンは一九二九年二月の『リテラリーシュ・ヴェルト』誌で、「シュルレアリスム」について論じている。その文章の後半で、彼はシュルレアリスムが革命のための陶酔の力を獲得する問題をめぐって循環していると指摘する。たしかに革命前夜の熱狂と陶酔の部分だけを取り出せば、革命のための陶酔はアナーキーな行動と同じになってしまう。しかもその陶酔には、画家や詩人の「おどろき」の美学や「不意打ちの反応」という芸術美学にみられる非弁証法的直観がつけ加わる。こうしたロマン的偏見にとらわれないためには、「日常性のうちに秘密を再発見する」弁証法的光学が必要とされる。ここでベンヤミンはオカルティズムやシュルレアリスムの提起する夢の問題を排除しているのではない。革命のための陶酔、さらにアヴァンギャルド芸術に内在する「おどろき」や「不意打ち」の美学を十分に必要なものとしたうえで、それを弁証法的光学によって制限しようとしたのだ。残念ながら、「シュルレアリスム」論で語られる弁証法的光学とは「日常性を滲透しないものとみ、滲透しないものを日常性とみる」ものとしてしか語られていないが、ここでベンヤミンが意図しようとした弁証法的光学とはアラゴンが『パリの農夫』のなかで語っている言葉と対応していたはずである。

> 未知の世界には非常な誘惑があり、危険にはさらに大きな誘惑がある。近代社会は個人のそうした本能をほとんど無視する。つまり近代社会は、これらの未知と危険にたいする本能を抹殺しようと思っているのだ。だからおそらくぼくたちの風土では、もはや未知なるものは、心がわけもなく酔えるような人間にとってしか存在しない。危険についてては、あらゆるものがどれほど無害と化しているかをよく見て欲しい。(佐藤朔訳)

『シュルレアリスムとテロル』で出発したボーラーの思索に、ベンヤミンの語る「おどろきの状態」(état de surprise)、「不意打ちの反応」(Reaktion des Überraschten) は大きな影を落とすことになる。

ボーラーは一九七三年、『フライタークの行路――そこなわれたユートピアと詩人』で、ダスタフ・フライターク（一八一六―九五）の小ドイツ主義によるドイツ統一運動や『ドイツの過去の諸像』（五巻・一八五九―六七年）にみられるプロイセン史観を分析したが、七八年には『驚きの美学』と題する大著を刊行する。題名のSchreckenは、Wunderよりはより強い意味をもち、「ぎょっとする」から一部地域では「破裂させる」とか「(……に)亀裂を生じさせる」という意味をもつ。複数が、戦争や死に対する恐怖の意味をもつことからも連想されるように、この書物は「ペシミスティックなロマン主義とエルンスト・ユンガーの初期作品」（副題）についての六〇〇ページを超す厖大な研究であった。

『驚きの美学』はE・ユンガーの『鋼鉄の嵐のなかで』や『内的体験としての戦争』など、彼の第一次世界大戦の体験をめぐる省察を分析の俎上にのせたものだが、ここでの論述はそこに止まるものではない。ここでは十九世紀末の唯美主義思潮から前ファシズム的思考の多くがまことに目まぐるしく視点を変えながら論じられていく。ユイスマンスの秘教主義、ワイルドのダンディズムから始まるこの書物の論調は、多分にM・プラーツの『肉体と死と悪魔』を意識しているかに見える。しかし、プラーツの書物との相異は明白だ。ボーラーは、一方にルカーチの『理性の破壊』の非合理主義的思考への批判を念頭に置き、さらにベンヤミンの「ボードレールのいくつかのモティーフについて」に見られる「衝撃」(Chock)と「驚愕」(Schrecken)の分析を詳論しているからである。ベンヤミンの記す、「ボードレールは衝撃の経験をかれの芸術活動の中心に据えたのである。……ボードレールは、驚愕に委ねられながら、他方では、しばしばかれ自身が驚愕を惹起した」（円子修平訳）という言葉は、ボーラーにおいて衝撃をうける詩人とその衝撃から自己を防衛しようとする詩人の戦闘として定式化される。ボードレールに始まる近代芸術家の美的モデルネをめぐる、作品創造を戦場とする決闘こそ、ボーラーによれば美の自律性を獲得しようとする途方もない企てだったのだ。

すでに『驚きの美学』のなかにも、「不意打ち」(Plötzlichkeit)の概念は見られた。しかし、この言葉が全面に出てきたのは、一九八二年に刊行された『不意打ち——美的仮象の瞬間へ』であった。瞬間(Augenblick)という言葉はベンヤミンの遺作である「歴史哲学テーゼ」のなかでもきわめて謎めいた形で用いられている。「過去の真のイメージは、ちらりとしかあらわれぬ。一回かぎり、さっとひらめくイメージとしてしか過去は据えられない」(V)、「過去を歴史的に関連づけることは、それを『もともとあったとおりに』認識することではない。危機の瞬間にきらめくような回想を据えることである。歴史的唯物論の問題は、危機の瞬間に思いがけず歴史の主体のまえにあらわれてくる過去のイメージを、据えることだ」(VI)(野村修訳)。当然、この書物のなかでも「瞬間のユートピアと虚構性——時間の主観化と現代文学」という、「歴史哲学テーゼ」の読解を基礎とした文学論が収められている。ボーラーは「瞬間」とともに「歴史哲学テーゼ」の核心概念をなす「いま」(Jetztzeit)を取り出し、これらを「天使」や「メシア主義」と短絡的に結びつける前に、プルーストの無意識的回想に引き寄せて考えようとする。ベンヤミンの「マルセル・プルーストのイメージについて」のなかに、「プルーストは全世界をして一瞬のうちに人間一生の年齢ほども歳をとらせる、といった途方もないことをなしとげた。ふつうは枯れて徐々に死んでいくものが電光石火のように生命を燃焼しつくす、この集中こそ若がえりにほかならない。『失われた時を求めて』は、全生涯を最高の精神的緊張をもって充填しようとするたえまない実験である」（高木久雄訳）という文章があるが、回想しようとする「いま」に全過去が、それも不意に現前するというモティーフは、有名なマドレーヌ菓子や「心情の間歇」の個所をおおいつくしているといってよい。ボーラーはボードレールの「驚愕」やプルーストの「回想」のうちにこそ、ベンヤミンの問題とする「瞬間」や「いま」の拠り所があると指摘する。さらにボーラーは論を進め、美のユートピアについて語る。ここで、ボーラーはベンヤミンのメシア主義を批判したエルンスト・ブロッホのユートピア論と美のユートピアを区別する。ベンヤミンの考えるユートピアを、ボーラーはむしろムージルの『特性のない男』におけるウルリヒと妹アガーテの近親姦を主題とする「愛の千年王国」論のなかに見届けようとした。

ボーラーは『驚きの美学』と『不意打ち』のなかで、十九世紀後半の唯美主義やデカダンス思潮、総じて非合理主義思想が今世紀の第一次世界大戦中から戦後にかけての芸術創造運動にどのように影を投げかけているかを問題にしてきた。この場合、批判の対象となるのはまず歴史の連続性という仮説であり、無意識に論ずる者の裡にしのびこむ目的論的進化史観である。ニーチェが「生に対する歴史の功罪」のなかで批判した「歴史感覚の放埒無道ぶり」こそ、この歴史主義的前提なのである。ボードレールにおいて予感され、唯美主義やペーターなどの創造的文学批評において準備された近代批判と美的モデルネの救済は、歴史という時間軸の切断による瞬間の発見に結びつく。突発的にきらめく美なるものの瞬間性をどのように作品化するか、今世紀の芸術創造はここから始まったと、ボーラーは説くのだ。

こうしたボーラーの思索が一八〇〇年前後のドイツ・ロマン主義における芸術批評の成立の問題に

赴かざるをえないのはごく自然なことといえるだろう。一九八三年、ボーラーは『神話とモデルネ』と題された、これも六〇〇ページを超す論集を編集し、そこでフリードリヒ・シュレーゲルを問題とする。素材は一八〇〇年の「神話学についての講演」を用いているが、ここではすでに本号に収録したボーラーの論文で語られているF・シュレーゲル美学の位置づけがフランス革命後のユートピアの問題にからませて語られている。F・シュレーゲルの有名なロマン主義文学の定義的文章（「アテネーウム断章」116）とフランス革命を論じた文章（「アテネーウム断章」424）の関連が神話とユートピア、美と倫理の問題として論じられる。ここでのF・シュレーゲル論は一九八七年の『ロマン主義的書簡――美的主観性の成立』において、フィヒテの自我(イッヒ)哲学と啓蒙理性の対立の裡でロマン主義の近代批評精神がどのように生まれたかを考察するボーラーの仕事に受け継がれていく。

ドイツ・ロマン主義、その成立当初の混沌たる状況をどのように読み直すか、ここでもボーラーはベンヤミンの『ドイツ・ロマン主義』に多くを負っている。一九一九年に学位論文として提出されたベンヤミンの『ドイツ・ロマン主義における芸術批評の概念』は、ロマン主義の芸術論としてF・シュレーゲルの一八〇〇年前後の仕事を主眼に置いた画期的読解であった。ベンヤミンはF・シュレーゲルがフィヒテの『知識学』（一七九四年）から決定的に別れていく地点に、批評が哲学として自律性を獲得する道筋をみようとする。ボーラーはベンヤミンのこの着眼を自らのロマン主義文献の読み直しの基礎としたのである。

一九八九年、ボーラーはふたたび『ロマン主義批評――文学的モデルネに対する哲学の疑惑』と題する書物を刊行する。ここで、ボーラーはハイネ、ヘーゲル、若きヘーゲル派のロマン主義批判を正面から取り上げ、彼らが一八〇〇年のドイツ・ロマン派の文学的モデルネの可能性を批判・回収し、歴史哲学のなかに位置づけてしまったことが論証されている。この「ロマン主義批評」を前半と後半ではさみこむようにして、前半ではベンヤミンやシュルレアリストがロマン主義的イロニーやロマン主義的ファンタジーをどのように再発見したか、その経緯が語られ、後半ではディルタイ、リカルダ・フーフ、カール・シュミットによる批評の美的回帰が論じられている。

きわめて大雑把な紹介であるが、ボーラーの仕事が一九七〇年代から八〇年代の後半に至るまで、ほぼ一貫していることはみて取ってもらえるだろう。その一貫したテーマとはルカーチの『理性の破壊』を頂点とする十九世紀来の非合理主義批判に対する美的モデルネの読み直しの作業である。それはバッハオーフェンに共感し、カール・シュミットへ手紙を送り、モーラスやレオン・ドーデを読んでいたベンヤミンの一面を受け継ぐものとして、ボーラーの選び取った仕事であった。もとより、この立場はファシズムやナチズムを倫理的立場より断罪する人々からは快く思われるはずはない。しかし、ロマン主義批評がもたらした美の自律性をめぐる諸問題、それが今世紀のアヴァンギャルド芸術運動のなかで想起されていたことが事実である以上、ボーラーの立場をイデオロギー批判の立場から否定し、歴史哲学のなかから抹殺してしまうのは、何とも非芸術的な所作ではなかろうか。

ハーバーマスの「近代——未完成のプロジェクト」（三島憲一訳、『思想』一九八二年六月号）を読んで感ずるのは、彼のいう「近代」があまりにも明るい点にある。彼が現代性（モデルニテート）について言及する時の歴史観は、結局のところ目的論もしくは進化史観でしかない。以前、ロシア・アヴァンギャルドと神秘主義の問題について調べた（「無限との邂逅——ロシア・モダニズムと神秘主義」、『月刊アーガマ』一九九〇年六・七月号）ことがあったが、両者があまりに密接な関連にあったことに驚いた思い出がある。ドイツの場合も、おそらく同じようなことを証明することは十分可能であろう。神秘性を抜きにして芸術創造は語れないといってしまったら身も蓋もなくなるところだが、モデルネがその背後に巨大な神秘主義をかかえこんでいたことに、私たちはもうすでに気づいている。いま、ロマン主義批判に必要なことは、ロマン主義を歴史の論理のなかにからめとることではなく、ロマン主義的心情の湧出点をしっかりと見定め、その判別を正確に行なうことだと思う。

ブランデルブルク門が開放されて二年あまりの時が経過した。あの時の熱気は嘘のように醒め、極東のこの国に、ドイツの統一が実際どのようになっているか、正直なところ伝わってくることはきわめて不分明である。ただ、旧ソ連邦の解体という情勢がコール首相のいくぶん無理を承知の再統一を助けた節がある。おそらく、ドイツの北地方は統一のコストの大きさに直面しているはずである。そうしたとき、ボーラーが『フランクフルター・アルゲマイネ』紙の一九九〇年一月十三日号に書いた「どうして我らは国民でないのか」が思い出されてくる。ブランデルブルク門で開放に湧く市民たちを撮影した写真(「ドイツ、ただひとつの祖国(ナチオン)」というフレーズが印象的だった)の下に書かれたボーラーの文章は実に醒めきっていた。国民という概念が失われている現実が別にいま始まったことではなく、クライストやハイネの時代に遡ること、そして警察国家であったことはロマン主義者の時代と旧東ドイツの時代とどこで変わっているかなど、ややペシミスティックに語るボーラーのエッセイを読んで、私はドイツという国の「民族(フォルク)と国家(ナチオン)」の問題の困難性にしばし考え込んでしまったものだ。

確かにベンヤミンの訳出は進んでいる。E・ブロッホもかなり訳出された。アドルノも『啓蒙の弁証法』は訳出され、残る主著は『否定弁証法』のみだ。こうした事態をみる限り、今世紀のドイツ思潮の訳出・紹介は順調に推移しているかに映る。しかし、問題はこれらをどう読むかであろう。ここでは、ボーラーの仕事を紹介することを優先させたので、あえてそうした問題に立ち入ることはしなかったが、本来的にはそこにこそ事態の本質がある。あえて、構成上、ボーラーの視点をベンヤミンの視点に重ね合わせたのは、ボーラーがベンヤミンを読み解きつつ、自己の主張を一貫して記述していった姿をみて取ってほしかったからだ。ボーラーには、ハーバーマスのような「コミュニケーション論的転回」はなかった。そこに、ボーラーのかたくななこだわりを感じてしまうことは、私自身がいわゆる科学よりも美（この場合、数学でいうエレガンスも含む）にひかれているためであろうか。

なお、ボーラーの著作は、これまでのところ、本文で紹介したもの以外に以下のものが刊行されている。未見なのであえて言及しなかった。

Ein bisschen Lust am Untergang, Englische Ansichten, Carl Hanser Verlag, München, 1979.

Intensität, Die Ästhetik der Überseigerung der Welt, Suhrkamp Verlag, Frankfurt am Main, 1986.

Nach der Natur, Über Politik und Ästhetik, Carl Hanser Verlag, München, 1988.

Im Osten erwacht die Geschichte, von K. H. Bohrer, P. Bourdieu, H. M. Enzensberger, u. a., hrsg. F. v. Schirrmacher, Deutsche Verlag, 1990.

Ästhetik und Rhetorik, Lektüren von Paul de Man, hrsg. K. H. Bohrer, Suhrkamp Verlag, Frankfurt am Main, 1991.

これ以外にも、『メルクール』誌や新聞のフユトン欄にボーラーの書いた文章は多い。ドイツ統一問題に関するボーラーの主張は改めて論じてみたい問題である。

ボードレールとドイツのモデルネ

　この特集でも、「ボードレールの『無限』のメタファー」という論文が訳出されている、ドイツの批評家カール・ハインツ・ボーラーに、『驚きの美学』（一九七八年）という大著がある。「ペシミスティックなロマン主義とエルンスト・ユンガーの初期作品」というサブ・タイトルをもつこの書物は、六〇〇ページを超す厖大なもので、「E・ユンガーの初期作品論」というより、世紀転換期のドイツ文学が十九世紀後半のフランスやイギリスの文学から、どのような影響を蒙り、それらが一九二〇年代のユンガーの著作『鋼鉄の嵐のなかで』や『内的体験としての戦争』にどんな形で結晶しているかを究明した浩瀚な研究である。すでに『シュルレアリスムとテロル』（一九七〇年）を刊行していたボーラーにとって、この『驚きの美学』はユンガーの作品解読を通じ、ドイツにおける世紀転換期の新ロマン主義の勃興からダダ、シュルレアリスム運動の出現を見定める野心的な試みであった。

　ボーラー自身は、その後、一八〇〇年前後のF・シュレーゲルの批評精神の成立過程、もしくはドイツ・ロマン主義における美的主観性の成立へ、自己の問題意識を移していくのだが、ドイツ文学をヨーロッパ文学のなかで常に共時的に見ていこうとする姿勢は変わってはいない。今回訳出された論文を含む『ロマン主義批評』（一九八九年）でも、そのことは容易に看取できる。この点については、後述する。

『驚きの美学』の巻末にある人名索引を見ると、ユンガー論である以上、ユンガーの項目が多いのは当然だが、ニーチェ、カール・シュミット、ベンヤミンと比較しても、ボードレールに言及している個所がかなり多いことが眼につく。ワイルドやペーターに言及するよりも多いくらいだ。ただ、ここで注意しなければならないのは、ボーラーがボードレールにふれる場合、ヘルメス主義のところではユイスマンスやラファエル前派、サンボリスムの詩法との関連で言及され、ダンディズムのところではワイルドやブランメルと関連して論及されていることだ。確かに、そうしたボードレールへの引証はそれほど目新しいものではない。世紀末にはもう一般化してしまったデカダンスの風俗意匠の元祖であり、マラルメやヴァレリーによってサンボリスムの鼻祖にされてしまったボードレールは、文学史的常識に属する。しかし、ボーラーの論ずるボードレールはそうした世紀末文学の彩りの下での詩人を見る視点とは別に、もうひとつ、重要な観点がある。それは本書の表題でもある驚き、驚愕（Schrecken）とか衝撃（Chok）について、ベンヤミンの「ボードレールのいくつかのモティーフについて」を念頭に置きながら書かれたところだ。Schrecken には「ぎょっとする」という意味があり、そこから「破裂させる」とか「（……に）亀裂を生じさせる」という意味に用いられることでも分かる通り、衝撃の経験に対抗する芸術家の創作態度を表わす言葉になることにボーラーは注目する。彼は「驚きの美学」を中心にすえ、美的瞬間を凝視した最初の批評家としてボードレールを位置づけるのだ。その方向はボーラーの『不意打ち――美的仮象の瞬間へ』（一九八二年）の主題へと繋っているく。

こうしたボーラーの論調の基礎にあるのは、アドルノの「モデルネ」概念である。アドルノは遺著の『美の理論』で、ボードレールにおいて、「理性(ラーチオ)が模倣(ミメーシス)的なものに変えられている」前代未聞の力を見出すと記している。ポーにボードレールが発見したもの、それはモデルネの強力な道しるべであった。老ユゴーがランボーの詩について語ったこと、ランボーが文学を新たな戦慄（Schauer）を与えたというのは、ユゴーがランボーの新しさについて模倣(ミメーシス)的に反応したことを意味する。戦慄は新しさにおいて、理性(ラーチオ)を模倣的なものに変える。アドルノがボードレールに現代芸術の先駆者的役割を与えたのは、ボードレールにおけるモデルネの経験が「先行する芸術行為としての伝統」を否定するものだったからだ。このアドルノのモデルネ概念がボードレールのモデルニテとどのように関わり合うのか、『美の理論』もあまりはっきりとは語っていない。ただ、邦訳版の『美の理論』では、原語のモデルネもモダニズムも区別なく「モダニズム」に統一されているため、アドルノのモデルネに託した概念的な含みがいまひとつ明白にならない憾みがある。ただ、アドルノにおける「モデルネの構築」とは、はっきりと世紀末から世紀転換期、さらには二十世紀初頭のアヴァンギャルド芸術運動と結びつく概念的拡張を含むものだった。むしろ逆に、アドルノは今世紀の芸術の冒険のもつ革命性を擁護するために、モデルネにおける理性から模倣への転換をボードレールにおいて見定めたと言うのは、ペーター・ビュルガーだ。ビュルガーはモデルネの概念でアドルノが理解するのは「ボードレール以降の芸術」のことであり、それ故にモデルネはアヴァンギャルド運動を準備したものからネオ・アヴァンギャルド運動までを含む包括的なものになると指摘し、ビュルガー自身のアヴァンギャルド運動を歴史的に限定して把えようとする視点と対比している（『アヴァンギャルドの理論』）。

ここで、アドルノのモデルネ概念の追求からやや外れることになるが、ドイツ語圏において、「モデルネ」(die Moderne) なる言葉がどのように導入されたかをみておくことも無駄ではあるまい。モデルネの直接の淵源はイギリスにあるらしい。メレディスの『モダン・ラブ』やアーノルドの『文学におけるモダン・エレメントについて』（一八六五年）などが、ドイツ語のモデルネに直接影響を与えた書物だったという説がある。いずれにせよ、一八八七年一月一日付の『ドイツ大学共通新聞』に「モデルネ」が用いられ、すぐにキールの文学史家でベルリンの文芸誌（Durch）の寄稿家だったオイゲン・ヴォルフが『ドイツの最も若い文学運動とモデルネの原理』と題する小冊子をベルリンで刊行した（一八八八年）。そして、ヘルマン・バールがこれを取り上げて、世に広めた（『モデルネの批評のために』一八九〇年）ことは文学史家たちも認めている。それ以前にも、テオドール・ムントの『モデルネの生の混乱』（一八三四年）、カール・グツコウの『モードとモデルネ』（一八三六年）、F・T・フィッシャーの『美学』（一八四六―五七年）などにモデルネの用例はあるが、それらはバールの強調したモデルネと異なり、単に「現代」「当世風」を意味するものだった。バールのモデルネは、彼がこの時期、フランスのデカダンス文学に強い影響を受けていたこともあって、過去や伝統を清算しようとする強い調子のものであった。当然、バレースやブールジェ、ユイスマンスやメーテルランクなどの名前に混じって、バールの日記にはボードレールへの言及が見られる。

一八九三年に書かれたホーフマンスタールの「ガブリエレ・ダヌンチオ」では、モデルネでなく「modern」なのだが、〈modern〉について、次のような文章がある。

今日では、二つのことが近代的（modern）であると思われる。すなわち生の分析と生からの逃避と。今日、人々が登場人物の行動とか、外側と内側の融和とか、ヴィルヘルム・マイスター流の人生修業とか、シェイクスピア流の有為転変に心をはずませることは稀である。人々は自己の魂の生活の分析を試みるか、あるいは夢見るかなのである。反省かしからずんば幻想、自己の鏡像かしからずんば夢の映像なのである。（松本道介訳）

概念としてはmodernだが、ここにはウィーン・モデルネに繋る批評の姿勢が明瞭に看取される。その目標とするところは、ボードレール以降のフランス文学の展開を一挙に取り込もうとする点にあった。バールがしばしばパリに滞在したのも一八九〇年前後のことであり、ゲオルゲがパリでマラルメに紹介されたのは一八八九年、バールがホーフマンスタールと知り合ったのが一八九一年、同年中にホーフマンスタールはゲオルゲとも初めて逢っている。そして、ゲオルゲは一八九一年にボードレールの『悪の華』の抄訳を試みる。

では、どうしてドイツ文学でいう世紀転換期の始まりの時代に、このような十九世紀中葉以降のフランス文学の受容が行なわれたのだろうか。かなりラフな議論になることを覚悟の上で、大雑把な見通しのようなものを記してみよう。あまり、文学史に下部構造論的な視点を導入したくはないのだが、十九世紀中葉から後半にかけてのフランス語圏とドイツ語圏とでは、その社会のあり方が決定的に異なっていたことを想起すべきだろう。一方は、一応の産業革命を終えて、資本主義的中央集権が確立してかなり奢侈的な第二帝政に向かっていた時代、ドイツは一八四八年革命の挫折から再び領邦国家のせめぎ合いの状態に戻り、オーストリア帝国は「魂の真空状態」(H・ブロッホ)の状態にあったことを心に留めてから、この時代のドイツ語圏の詩を読むことは必要に思える。

以前から、シューベルトの歌曲集に見られるヴィルヘルム・ミュラー、ヨーハン・G・ザイドルなどの詩に、いまひとつピンとこなかった筆者にとって、『ドイツの詩を読む』(野村修編、一九九三年)の出現は実に印象的だった。このアンソロジーには、ハイネからゲオルゲの間の詩人がまったく欠落している。編者は「ぼくはこの小詩集で、ハイネとゲオルゲとのあいだの時期に位置する詩人をひとりも取り上げなかった。ぼくの好みにわがままな偏りがあることを、ぼくは否定しないが、しかしこの中間期に、ドイツ詩が大詩人を生まなかったことは、同時期のフランス詩の高揚と比べればなおさら、多くのひとが認めるはずのことではなかろうか。メーリケにしても、ぼくにはさほどの感動を誘わない。思うにわれわれの感受性は、フランス象徴詩の展開に、大きな影響を受けてしまっているのだ」と記している。同時期に刊行されたもうひとつのアンソロジー『ドイツ名詩選』(生野幸吉・檜山哲彦編)にも、この中間期の詩は四篇ほど収録されているに過ぎない。確かに、メーリケ、ドロステ＝ヒュルスホフ、ヘッベル、シュトルムなど、この間の詩人たちの詩を読むとき、そこに感じられるのは閉ざされた抒情と郷土愛的桎梏である。ビーダーマイアー時代から一八四八年革命の挫折を経て、ドイツ帝国の成立に至る時期、ドイツの詩はフランス詩の高揚と対照的に、静謐でいながら暗い諦念を声低く歌うものだったことは否定しようもない。フォーレやデュパルクが曲をつけたボードレールの詩(たとえば『秋の歌』や『旅への誘い』など)を聴くとき、こうしたフランスとドイツの同時代的な差を感じてしまうのはやむを得ないことだろう。

もうひとつ、注意しておかねばならないのは、一八八〇年代後半から、ドイツ各地においてイプセンの『幽霊』『野鴨』『民衆の敵』などが上演されたことだ。パリのアントワーヌに率いられた「自由劇団（テアトル・リーブル）」がベルリンに来演して好評を博したのも、この頃のことである。オットー・ブラームを指導者とする会員制の演劇団体「自由舞台（フライエ・ビューネ）」が結成されたのが一八八九年の春、ベルリンにおいてであった。ここで一八八九年十月にはハウプトマンの『日の出前』が初演され、その初演では「環境と遺伝が人間を決定する」という自然主義の社会批判がユゴーの「エルナーニ事件」を思わせるような大騒ぎを生じさせた。バールのモデルネを伝統批判の視点からみる論調に対して、「自然主義こそモデルネなのだ」（フリードリヒ・M・フェルス、一八九一年）という言い方もあったことも事実なのである。

このイプセンからハウプトマンという「自由舞台」運動の勃興を考える場合、パリとドイツ各地の都市が時間的にかなり同時代的に結びついたために、こうした演劇改新の動きが生じ得たということも可能だ。十九世紀後半のフランス文学にサンボリスムと自然主義という相反する主張が同居していたという現実そのものが一挙にドイツ各地の都市へもたらされたということができる。

ベルリンやミュンヘン、そしてウィーンがパリと時代を共有するようになる、このことは鉄道網の発達という物質的な基盤の整備も必要条件ではあったが、それとは別にこれらドイツ語圏の都市が世紀転換期の時代にようやくパリのような大都市の相貌を呈し始めたことに「モデルネ」問題の複雑さがある。一九〇三年に、ジンメルは「大都市と精神生活」という論文を書いている。一九〇〇年に『貨幣の哲学』を刊行している彼は、貨幣経済の圧倒的支配が都市に住む者を互いによそよそしく、無情で冷淡な人間に変えることを指摘し、大都会の急速に変化し対立しながら密集する神経刺激は都会人に倦怠を引き起こすと明言する。すなわち、大都市のこみあった雑踏において、人間は孤独と荒涼を感じ取る。ここにはボードレールへの引証がないにもかかわらず、そこで論じられる都会人がポーの「群衆の人」に出てくる遊民、ボードレールのギース論に出てくる「群衆の人」ではないのか、そのように思えてくる。ジンメルは「流行の哲学」(『文化の哲学』所収、一九一一年)においても、流行の急速な交替に有利なのは、変化しやすく落着きのないリズムをもつ階級の、経済的上昇運動の存在する大都市であり、大都市こそ流行の肥沃土を提供する場であると記している。ベル・エポックの最後期、年代的に、いうなら第一次世界大戦が勃発する少し以前にこのようなことを書かれていたことを注視すべきだ。ジンメルがこのようなことを書いている二十世紀初頭には、ドイツの諸都市やウィーンで表現主義の運動や抽象絵画の誕生が生じていたからである。ビュルガーのいう歴史的に特定化し得るアヴァンギャルドの芸術運動はもう始まっていた。

ベルリンやミュンヘンが世紀転換期に急激な膨脹を遂げたとよくいわれるが、一九〇〇年前後のベディカや写真集を見る限り、まだまだ巨大都市にはほど遠い街だったことははっきり分かる。ベンヤミンの「一九〇〇年前後のベルリンにおける幼年時代」を読めば、二十世紀初頭のベルリンには、まだまだ牧歌的情景が多く残されていたことに気づくだろう。ミュンヘンにしても、一九〇二年のベディカを見る限り、ユーゲントシュティルの芸術家たちがたむろしたシュヴァービングはいまだ街はずれの観が強い。中心の市街との間には人家のない場所が目につくようなところにゲオルゲやクラーゲスは住んでいたようだ。おそらく、世紀末のベルリンやミュンヘンはやっと田舎から都会らしくなってきた時期だったのだろう。このように考えると、ベンヤミンのパリへの思い入れ、パリ憧憬の最も基底にある原質のようなものが漠然とであるが、分かってくるに違いない。

アドルノのモデルネの概念は、その大枠においてベンヤミンのモデルネ概念にその多くを負っている。そして、ベンヤミンのモデルネ概念が集約的に論じられるのは、ボードレールに関するいくつかのエッセイとパリに関する論文「パリ――十九世紀の首都」である。さらに付け加えるなら、最近訳出され始めた『パサージュ論』の遺稿も、そのなかに含められるだろう。遺稿として残され、一九六〇年代後半になってから公表された「ボードレールにおける第二帝政期のパリ」の第三章は「モデルネ」と題されている。そこで、ベンヤミンはボードレールのモデルニテに言及しつつ、モデルネを生きる英雄の輪郭を次のような住民たちを背景として浮かび上がらせる。

> いかなる党派に属する者であろうと、いかなる偏見に育(はぐく)まれてきた者であろうと、この病める群衆――仕事場の埃を吸いこみ、綿毛を呑みこみ、鉛白や水銀や、優秀な製作物の創造に必要なありとあらゆる毒物を身にしみこませつつ、最もつつましくまた最も偉大な美徳の数々が最も頑強な悪徳や徒刑場の吐き出したものどものかたわらに住みついている界隈の奥底で、蚤や虱にまみれて眠る群衆――の光景に心動かされずにいることは不可能だ。**そのおかげで地上が驚異にみちみち**る、これら、憔悴して溜息をつく群衆。**自分たちの真紅の血が血管の中を激しく流れる**のを感じ、太陽や大庭園の樹蔭に悲しみをこめた長い眼差しを投げ、そして、その救いの繰り返し句(ルフラン)、**愛し合おうぜ**！　という繰り返し句(ルフラン)を、声を限りに繰り返して、十分な慰めとも力づけともする

群衆……」（ボードレール「ピエール・デュポン著『歌と歌謡』への序文」一八五一年、阿部良雄訳）

ベンヤミンはこのような群衆を背景に浮かび上がる英雄のイメージにボードレールのモデルニテなる言葉をあてている。そして、「英雄（ヒーロー）がモデルニテの真の主体だ」とし、「モデルネを生きるためには英雄的な心持が必要である」と記す。そして、この点でボードレールはバルザックとともにロマン主義と対立し、情熱と決断力に輝きを与えたとする。このようなモデルネ概念の提出は、この「モデルネ」の章にいくつも見られる。ただ、ここで紹介したところを読めば分かるように、モデルニテとモデルネがベンヤミン自身の内部でどのように概念的に分けられていたかは、かなり不分明である。このベンヤミンの文章が初めて公表されて間もない頃、ヤウスが「文学の伝統とモデルニテートの現在の意識」（『挑発としての文学史』収録）の末尾で、この問題を取り扱いながら、最後には挑発どころか匙を投げてしまったことが思い出される。ヤウスのこの論文はフランスにおけるモデルネとモデルニテについて、ラテン中世における古代観まで遡って論証した手堅い文章であっただけに、このことは実に印象的だった。

ハーバーマスがモデルネを「未完成のプロジェクト」と把え、この視点よりニーチェからポスト構造主義思潮までを一挙に批判する『モデルネの哲学的ディスクルス』を刊行したのは記憶に新しい。この反対側にあるのが、初めに紹介したボーラーである。彼の一九八九年に刊行した『ロマン主義批評』のサブ・タイトルは「文学的モデルネに対する哲学の疑惑」と題されていた。この書物は「ロマン主義によるモデルネの再発見」「ロマン主義批評」「批評の美的なるものへの帰還」の三部構成で、

第一部ではベンヤミンの『ドイツ・ロマン主義』が論じられた後で、ドイツ・ロマン主義がシュルレアリスムによって再発見されたことが見届けられる。C・ブレンターノの影がアポリネールの詩「ローレライ」に揺曳していること、ブルトンやアラゴンがアルニムの物語に魅惑されて驚異の探求へ向かったことなどが語られる。この後に、キルケゴールやボードレール、ニーチェが取り上げられ、キルケゴールでは『あれか、これか』、ニーチェでは『反時代的考察』、ボードレールではこの特集で訳出した文章がくる。第二部はハイネ、ヘーゲル美学、ハレ年鑑の青年ヘーゲル派、ゲルヴィヌスやルドルフ・ハイムなど教育学者の仕事など、ロマン主義への哲学的嫌疑が取り扱われる。第三部では、世紀転換期におけるロマン主義の再評価もしくは批判が対象となり、ディルタイの『体験と詩作』におけるファンタジー、R・フーフのロマン主義運動の史的再構成、カール・シュミットの『政治的ロマン主義』が論じられる。

ボーラーはモデルネをハーバーマスとは対照的に「美の自律性」もしくは「美的なるものに対する批評の自律性」として把える。この点は、ポール・ド・マンのロマン主義論と通ずるところもある。ただ、ボーラーの場合、F・シュレーゲルの批評からシュルレアリスム運動までを包摂する芸術運動の広大な歴史的視野から、美的モデルネの問題に解答を与えようとするところに独自な点がある。ベンヤミンの知的範囲を考慮するなら、ボーラーのこうした試みもまた、充分にベンヤミンやアドルノのモデルネ概念を拡張した仕事といえるように思う。なお、ボーラーは、最近、ズールカンプのＳＶで『美学とレトリック』と題するポール・ド・マンに関するレクチャー集を編集・公刊したことを付記しておこう。

無限との邂逅——ロシア・モダニズムと神秘主義

果てしなきロシア大地

現代は混濁している。いつの時代でもそうだが、ロシア人は大地のように、広漠として、無秩序なことを夢見る。我々も夜毎同じことを話す。

一九七〇年代に制作された旧ソ連の映画『罪と罰』のなかで、放蕩で身を持ち崩した、いかさま賭博師のスヴィドリガイロフがラスコーリニコフの妹ドゥーニャにいい寄る場面で語った、この言葉は、今も、印象に残っている。念のため、米川正夫訳で記せば、次のようになる。

ああ、アヴドーチャ・ロマーノヴナ、現代は何もかもが混濁してしまっているんですよ。もっとも、今までだって、とくにきちんとしていたことはありませんがね。がんらいロシア人てやつはねアヴドーチヤ・ロマーノヴナ、ちょうどその国土と同じように広漠とした人間で、幻想的なだらしないことにひきつけられる傾向を、やたらに持っているんです。しかし、特殊な天才もなくて、ただ広漠としてるんじゃ困りものですからね。(1)

スヴィドリガイロフは『罪と罰』のなかで特異な位置を占めている。彼の語る自らの行状は無恥兇悪な淫蕩漢のものだ。十三歳の少女を姦して縊死に至らしめたり、家庭教師に来ていたドゥーニャと結婚したいがために恩人でもある妻を毒殺したり、十七歳の少女と婚約して彼女の子どもらしい羞恥と性愛の最初の現われに自らの官能を喜ばせたりする所業は、この作品のなかで細かく語られている。この彼が、『罪と罰』の終わり近くで、思いがけなく善良な人間性のきらめきを見せる。密室に誘いこんだドゥーニャにドアの鍵を渡し、ドゥーニャには一指も触れず、彼女を帰してしまう。冒頭のスヴィドリガイロフの言葉は、ドゥーニャを帰す少し前の言葉である。ドゥーニャを帰らせたあとで、彼はソーニャにラスコーリニコフの保護に必要な金や婚約した少女の生涯を保証する金銭的処置をし、ピストル自殺を遂げる。「ロシア人は大地のように、広漠として、無秩序なことを夢見る」、この言葉は、ロシアの風土とそこで営まれた思索の質を考える場合、きわめて重要なことだ。

ロシアの大地を思い起こすとき、いつも想起されるのは映画『ドクトル・ジバゴ』の一シーンだ。残念ながら、この映画で撮影されているロシアは現実のロシアではない。けれども、ジバゴがワルイキノで過ごす冬の情景、そして春の訪れの輝きは、この映画を何度見ても感動させられてしまう。

澄みわたった凍寒の夜。目に見えるすべてが異常なほど明晰で、翳りひとつない。大地も、空気も、月も、星も、ひとつの枠組に凍てついてしまったように動かない(2)。

パステルナークの描く厳寒の冬が去って、春がやってくる。ワルイキノの家のまわりは一面に無数の花々がいっせいに咲く。ラーラのテーマが耳もとに鳴り響く。静寂の冬と春の生命の復活があざやかな対比で、この映画では描かれていた。もしくは『カラマーゾフの兄弟』のなかで、アリョーシャが大地を抱擁する場面を思い出してもよい。ロシアの人々にとって、大地とは母なる大自然そのものであり、彼らと大地との結びつきは神話的かつ神秘的なものであった。

ロシアの神秘主義的思考を考えるうえで、ロシアの自然、その大地の無限性を考慮することは、日本の自然に親しんでいる者にとってかなり困難なことだ。初めてパリへのヨーロッパ直行便に搭乗したとき、いまさらながらこの思いを強くしたものだった。成田を飛び立ったジェット機は新潟上空を通り、ほぼ北緯六〇度のところで夜のシベリアを横切って行く。ウラル山脈まで、窓からは見渡す限りの雪原、所々に人家のまたたき、そして凍結した川が見えた。そのスケールはとても島国に育った者には想像できないような、悠久ともいえる広がりだった。この広漠さは、人知の卑小さを嘲笑するかのごとく、無言で果てしなく続いていた。私はロシアの大地の恐ろしさを感じていた。

このようなロシアの大地、その自然への畏怖の念について、あまり書いていても仕方がないので、本論に移ることにしよう。

この文章では、ロシア・アヴァンギャルドのなかにあった神秘主義的思潮について若干の解明を行なってみたい。というのも、ロシアにおけるサンボリスムからフォルマリズムないし未来派への劇的転換は、十九世紀末から今世紀の前半の芸術の流れを考えるうえで、もっとも重要な出来事のひとつといえるからだ。象徴的神秘の世界がまさしくドラスティックに、抽象的かつ構成主義的な方法の発見に結びついたという事実、しかもこうした新時代の担い手たちの意識の奥底に、神秘なるものへの憧憬が有形無形のうちに棲みついていたこと。このことはロシアのモダニズムの誕生を考えるとき、無視しえない重要さをもっている。

抽象絵画誕生の問題で、近年、その背景に、神秘主義的思潮が無視しえない影響力をおよぼしている事実が、さまざまな点で指摘されてきた。(3) カンディンスキーとシュタイナーの人智学、マレーヴィチとP・D・ウスペンスキー、モンドリアンと神智学など、そのいずれも研究論文が書かれている。従来からのパリを中心とする近代絵画の発展的進化史観に準拠する美術史の考え方は、このような研究によって批判の対象となってきた。

ロバート・ローゼンブラムの『近代絵画と北方ロマン主義の伝統』(4) は、絵画と北方ロマン主義の関連を探ったパイオニア的著作である。この書物ではドイツ・ロマン主義の画家フリードリヒの風景画に見られる超自然的なものへの信仰が、世紀転換期の絵画にどのような形で受け継がれ、モンドリアンや抽象表現主義の絵画のなかでどうして復活したか、このことがはっきりと言明されている。

美術史における、こうした動きは、ロシア・アヴァンギャルドの登場を考えるうえで大変参考になる。現に、ロシア・フォルマリズムから出発したタルトゥ学派は、文学批評にとどまらず、神話記述やイコンの分析にまで研究の幅を広げている。そうした研究の動向を、記号学の普遍的可能性としてのみ理解してしまうのではなく、サンボリスムからフォルマリズムへの劇的転換が拓いた、テクスト読解の地平において考えることが必要に思えるのだ。

世界樹とイコン

V・V・イワーノフやV・N・トポローフが提起する、古代神話における宇宙樹のイメージについて言及してみよう。

彼らは、古代神話の言語的テクストに見られる宇宙樹のイメージが「生命の樹」「天の樹」「境界の樹」「シャーマンの樹」など、世界各地に異態（ヴァリアント）を持ちつつも、古代人の共同体において支配的な宇宙モデルとして長期間存続していたことを指摘する[5]。そして、こうした宇宙樹のイメージが各地の文化・歴史の違いに応じて、「宇宙軸（アクシス・ムンディ）」「宇宙山」「柱」「王座」「神殿・寺院」「階段」「杖」「縄・紐」などの異（アロ）イメージとしてまとめあげられることを論証している。

ワーグナーの楽劇《ニーベルングの指環》において、世界樹である「トネリコの木」は、ヴォータンにより枝を切り取られ、その枝は彼の杖となる。世界の終末の近づくなかで、トネリコの木は枯れ、薪としてワルハラの城に積み上げられる。《神々の黄昏》の最終場面において、この薪は燃え上がり、世界は終末を迎えるのだが、タルトゥ学派による宇宙樹の論証は、こうしたワーグナーの神話イメージを解読する重要な鍵を与えてくれる。と同時に、ワーグナーの楽劇のもたらしたサンボリスムへの影響が、タルトゥ学派の古代神話分析にまで見逃しえない共鳴力を与えているという、歴史の弁証法が働いていることに注意すべきであろう。

イワーノフやトポローフと同じく、タルトゥ学派のB・A・ウスペンスキーは、中世の絵画言語[6]の仮約束（コンヴェンショナル）に基づく技法をうまく再現し復元することにより、中世絵画の鑑賞と分析のための鍵を手に入れようとする。すなわち、描かれた図像を手がかりにして、その図像におけるデフォルマシオンの技法（とくに遠近法上の変形の技法）のシステムをうかがい知り、変形以前の形を復元し、中世の画工たちが実際に運用していたであろう対象再現の仕方のシステム＝言語を見出そうとした。

こうした中世絵画解読の鍵として、彼はイコンを取り上げる。イコンの描き方に存在する規範性（教会法にかなうこと）、聖像画家たちが主題を描く際に導守してきた「儀軌」（英訳すればpattern-book、聖像画家たちの伝統的な教範）がさまざまなイコンのなかでどのように見出されるか、その分析を試みる。この際に手がかりになるのは、個々の画家が聖像を実際に描いていくときの、無意識の逸脱を見つけることだ。ウスペンスキーは、聖なるテクストを転写していた中世の写学生の例を出し、転写されたテクストに見出される転写された時代の生きた言葉の特徴が、史的音声学の分野にどれほど貴重なデータを提供してきたか、それとのアナロジーの下でイコンの主題に見られる複数の構図がどうして生まれたか、その分析を行なおうとした。

宇宙樹やイコンの分析を、先にも記したように、記号論あるいは構造主義的方法の可能性として、理論的に回収してしまうことは容易だろう。しかし、こうした回収は、抽象絵画における抽象の構図を、具象・抽象という表面的な構図の相異のみで了解しようとする、モダニズム評価と同じような誤りを犯しているのではないだろうか。抽象への志向そのものが、どのような神秘性をその背後に包摂していたか、このことが問題であるように、タルトゥ学派の営みも、背後にいまなお実在しているロシアの風土を抜きにしては考えられない。

光線主義と第四次元

ロシア・アヴァンギャルドのひとりで、光線主義(レイヨニズム)を唱えたラリオーノフは、一九一四年にパリで刊行されたパンフレットで、次のように書いている。(7)

光線主義とは、事物間にある光線同士の衝突や結合を描き、私たちの周囲のあらゆる事物から発する不定形の放射光同士の闘いを劇的に表現することである。光線主義とは、事物の輪郭によっても、その形態的彩色によってさえも示されぬ空間、あらゆる事物の統一をかたち作る光線の不断の濃密なドラマによってはじめて開示される空間を描くことなのである。

光線主義は、一種の心霊主義的(スピリチュアリスト)絵画、あるいは神秘主義的絵画とさえみえるかもしれないが、逆にそれは本質的に造型的なものである。画家は触知できる形態と形態の間に、その輝きによって作られる新たな形態を見る。そしてそれのみを彼はカンヴァスの上に描くのだ。こうして彼は、これら真の形態に促されつつ、自己目的としての絵画の頂点をきわめるのである。

ここで心霊主義的絵画、神秘主義的絵画と名指されているものが何か、はっきりとはしないが、この文章の結論でラリオーノフが言明していることに、いま少し耳を傾けてみよう。

光線主義的絵画においては、内在的生命と、彩色マッスの連続体とが、見る者の心中に一個の総合的イメージを形成する。それは時間と空間を超越するイメージである。ひとは名高き第四の次元を垣間見る。なぜなら長さと幅と、重層的に塗られた色彩の濃度とは、ただ可視的世界の記号にすぎず、イメージによって創られる他のすべての感覚は、別の秩序にしたがっているからである。それはすなわち、人がより繊細なより精神的な道に到ろうとして、常に探し求めつつ、けっして見出すことのない超現実的な秩序なのである。

私たちは、光線主義がこの方向での新しい段階を記すものと信じている。

ここまで引用すれば理解されるように、ラリオーノフの主張には明らかに、神秘主義の主張と新しい絵画への主張とが混じり合っている。

「時間と空間を超越するイメージ」「名高き第四の次元」とは、ラリオーノフの直接的な言及がないにしても、神秘主義的主張をうかがわせる何かを含意していると考えてよい。書物としての刊行はずっとあと（一九三四年）になるが、P・D・ウスペンスキーの『超宇宙論』[8]で追求されている「めくるめく四次元」と、ラリオーノフの言葉は呼応する何かを共有しているように思う。

『超宇宙論』は、現在訳出されている部分が三分の一ほどで、ここから書物全体の基調を推断することはかなり無理であるにしても、著者がこの『宇宙の新模型』（原題）のなかでどのような試みを行なおうとしたかは、推し量ることができる。

ウスペンスキーは、ヒメ（秘芽、霊芽）領域の観念として第四次元の領域の存在を提起し、不可知で超自然的な現象の解明を試みる。この第四次元を論究するに際して、まず考察されるのは非ユークリッド幾何学におけるロバチェフスキーの主張であり、ミンコフスキー空間を使ったアインシュタインの相対性理論も援用されている。

『超宇宙論』での議論を追うことはここでは行なわないが、ウスペンスキーが、神秘主義者・心霊主義者・オカルティストたちがしばしば使う「向こう側の世界」、「アストラル界」などの現象を、当時の最新の数学や物理学の知見を使用しつつ解明しようとしていた。このことは興味あることだ。

革命とユートピア

ロシア・アヴァンギャルドの主張にある、もうひとつの注目すべき論点は、革命とユートピアに関するイメージである。

マレーヴィチは「シュプレマティズム」（一九一九年）の最後でこのように書いている。

私が自由になる時とは、批判的および哲学的実証をつうじて、私の意志が既存の事物の内から新しい現象の実体を抽出することのできる時のみである。

私は、色彩の限界をしめす青いランプ覆いを漂白し、超越的白色へと移行した。ともに来たれ、同志飛行家諸君。深みへと航行しよう。私はシュプレマティズムの信号を完成したのだ。

私は彩られた空の裏面を征服し、色どもを根こそぎにして、自前の袋につめ、その口を結んだ。さあ発進！　白い、自由な深みが、永遠が諸君の眼の前にある。(9)

また、リシツキーは「世界の再構築におけるシュプレマティズム」（一九二〇年）の最後でこのように呼びかける。

旧約のあとには新約が、新約のあとにはコミュニストが続き、そしてコミュニストのあとには、ついにシュプレマティズムの聖約が続くのである。(10)

「白い自由な深み」である「永遠」「シュプレマティズムの聖約」、こうした言葉に、革命とユートピアのイメージがこめられていることは明らかだ。そして、その背後に、ある神秘主義的イメージともいえるものが、深く潜んでいることを見逃すべきではない。

エルンスト・ブロッホの『ユートピアの精神』（初版）がロシア革命の翌年（一九一八年）に刊行され、その最終章のタイトルは「カール・マルクス、その死と黙示録」だった。ブロッホは、マルクスの革命観念に黙示録的予言と至福千年説の再来を見ようとした。革命的メシア主義の書であるこの書物は、ルカーチに影響を与え、『歴史と階級意識』の基調を少なからず決めたと考えられている。ドイツにおいてさえ、ロシアの革命が与えた衝撃が、こうした終末論的予言としての効果をもたらしたのなら、もともとメシア主義の強烈な信仰の存在したロシアにおいて、革命が至福千年説の実現と感じられたのは、無理からぬところである。

これもアメリカ映画なのが残念なのだが、ジョン・リードのロシア革命体験を描いた『レッズ』のクライマックスをなす、十月革命成功のシーンは、じつに印象的だった。ロシア・アヴァンギャルドのつかのまの勝利は、この後の絶望的な悲劇を顧慮に入れると、なおのこと輝いて見える。「ロシア・ルネサンス」(11)とも「銀の時代」とも呼ばれる今世紀初頭のロシア文化の昂揚は革命のなかで、文字どおり瞬時の火柱として燃え上がったのだ。「ベルリンの壁」の開放から旧ソ連の崩壊という東欧情勢の激変のなかで、ロシア革命は歴史の表舞台から引きずり降ろされたかに見える。しかし、こうした情況下だからこそ、私はあえて二十世紀の芸術的可能性のかなりの部分が、ロシア革命とその直後の短い時代に花咲いたことを強調したい。もし、これらの仕事が権力によって圧殺されなかったとしたら、今世紀の芸術のあり方はもっと違った方向へ展開されていただろう。

ベールイの神秘主義

次に、ロシア・アヴァンギャルドに先行するロシア・サンボリスムと神秘主義の関連について、ここでは対象をベールイの仕事に限定しながら考察しておくことにしよう。

一八八〇年にモスクワで生まれたベールイは、一八九九年にモスクワ大学へ入学した。大学入学以前のベールイにとって、決定的な影響を受けた人物はミハイル・ソロヴィヨフだった。彼は後述するウラジーミル・ソロヴィヨフの弟であり、兄とともにプラトンを訳出・編集した人物である。アンドレイ・ベールイというペンネームもミハイルの発案だった。

ベールイが一九〇八年に書き始めた小説に『銀の鳩』[12]という作品がある。彼の当初の構想としては『東と西』という三部作の第一部をなすものであった。ここで名指されている「東と西」とは、ロシアにおけるアジア的要素とヨーロッパ的要素のことである。『銀の鳩』の主人公ダリヤースキーは、マルクスやラサール、さらにはドイツ神秘主義のエックハルト、視霊者スウェーデンボルグの哲学と、真理を探る知的研鑽を積むが、存在の秘密の深奥にまでは迫ることができない。ダリヤースキーはロシアの大地をさすらいつつ、夕焼けの色あいの移りゆきに眼をこらす。

ロシアの野は秘密を知っている。同様にロシアの森も秘密を知っている。……野で暮し、野で死んでいけたなら。ただ霊の香り高いことばだけをひそかに繰り返しながら……西には数多の書物があるが、ロシアには語られざる多くのことばがある。ロシアとは、それにぶつかれば、書物はこなごなに砕け、知識はこなごなに飛び散り、生活そのものまで燃えつきてしまうような国だ。

ダリヤースキーはキリスト教以前の異教的古代とロシア民衆の素朴な生活を二重写しにして、そこに至福の時刻を探ろうとしたが、それも徒労に終わる。彼が独語する終末のモティーフは先の引用文のすぐあとにある。

ロシアに西欧が接ぎ木されるその日、西は全世界を覆う火事に包まれよう。燃えるかぎりのものは燃えつきよう。何故なら、死の灰の中からのみ天国の魂は、火の鳥は飛び立つのだから。

フェニックスに記された死と破滅を通じての再生というモティーフには、《ニーベルングの指環》におけるブリュンヒルデの自己犠牲と同質な響きがある。

一九一二年、『東と西』の第二部である『ペテルブルグ』[13]を書き上げたベールイは、ヨーロッパへの旅に出て、その途次ルドルフ・シュタイナーを訪ねる。このとき、ベールイは人智学へ強く傾斜していた。このころを回想した手記の一節にある、「宇宙との一体化がわたしの中で執り行なわれた」という一節は興味深い。

世界の思想が肩までびっしりつまっている。下から肩までだけが、わたし自身の体だ。肩から上は空の天蓋が立ちはだかっている。わたしは自分自身の頭蓋を肩からはずして、王錫（おうしゃく）のように、手でさしあげる。[14]

これは一種の脱我体験ではなかろうか。ともあれ、ベールイにおけるサンボリスムと神秘主義の融合は、人智学との出会いにおいて、宇宙生成の壮大なイメージにまで高められた。『魂の遍歴』[15]という題名で訳出されているこの当時の作品を読めば、その一斑をうかがうことができる。

ロシアにおける西欧的要素とアジア的要素の問題を考えるとき、忘れることのできない思想家に、P・D・ウスペンスキーの師であるグルジェフがいる。一八七二年ごろ、コーカサスに生まれた彼は、自分自身の周囲で出会う超常現象を自分に説明しうる原理を探るために、北イランからサマルカンド、ボカラやタシュケント、パミールからインド、アフガニスタン北東部（カザフスタン）、チベット、ゴビ砂漠、シベリア、エジプトと旅したといわれている。[16]

西欧の知的世界に現われたグルジェフが人々に衝撃を与えたことは十分うなずける。これほど広汎な地域を、たとえ誇張があるにせよ旅してきた人の神秘的思考に、講演の聞き手は耳をそば立てたに違いない。

けれども、グルジェフ・ワーク[17]自体の究明はここでの主題から逸脱する。グルジェフがモスクワに現われたのは一九一三年であり、ウスペンスキーが彼のサークルに加わったのは一九一五年だから[18]だ。

ソロヴィヨフの詩的霊感

最後に、一九〇〇年に世を去ったロシアの哲学者について触れておかなくてはならない。一八五三年にモスクワに生まれ、十九世紀の終わりとともにこの世に訣れを告げたウラジーミル・ソロヴィヨフこそ、ドストエフスキーとロシア・サンボリスムを架橋するもっとも重要な思索家だった。

サンボリスムの詩人としてベールイとともに活躍したB・イワーノフは、ペテルブルグの街角でソロヴィヨフとドストエフスキーが、神について、また世界の終末について語り合う情景を想像し、そこに二十世紀初頭のロシア、すなわち「銀の時代」の精神の故郷をみたという。イワーノフによれば、トルストイとドストエフスキー、この二人の天才は、ロシアの絶望的にまで分裂した現実を絶対的総合にまで止揚させたが、全宇宙的な調和を創り出すことはできなかった。彼ら二人のなしたことは、ロシアの分裂を担い続け、そこにオルギア的視察の悲劇を再現させたことである。二人の作品は、サンボリスムの詩人たちの霊的意識を激しく揺さぶり、分裂でなく調和を求める詩人たちに、詩的霊感の核を与えてくれた。

この核を基礎にして、明晰で透明な宇宙論的調和の体系を与えた哲学者こそ、ソロヴィヨフその人であった。トルストイとドストエフスキーの奏でた音楽がカオスの音楽であったとしたら、ソロヴィヨフの描いたものは、天界のアプロディーテのイコンだった。イワーノフの位置づけは実に印象的だ。(19)

ソロヴィヨフとドストエフスキーの交遊を考えるさい、きわめて重要な出来事が一八七八年六月にあった。この年の五月に、次男のアレクセイを失ったドストエフスキー夫妻は悲嘆にくれていた。その前年から作家のもとをたびたび訪れていた若き哲学者は、作家の悲しみを何とか慰めようとした。たまたま、この年の夏に若き哲学者がオプチナ修道院へ行く計画をもっていたことを知ったドストエフスカヤ夫人は、作家にもオプチナ修道院行きを熱心に勧めた(20)。

ギリシアのアトス山の方式にのっとり、静寂主義的黙想（ヘシュカスモス）に重きを置く長老制のオプチナ修道院は、当時のロシアでは長老のアムヴローシイの祝福と祈禱により有名であった。トルストイも家出の後、死の直前に立ち寄ったことがある。

二人がこの修道院に滞在したのはわずか二日間のことだったが、このエピソードが重要な意味をもつのは、ドストエフスキーの『カラマーゾフの兄弟』が、この修道院での体験を構成要素としているからだ。長老アムヴローシイに『カラマーゾフの兄弟』の長老ゾシマの面影を見ることは、作家の創作ノートに「長老制度はオプチナ僧院より(21)」というメモがあることからも可能だろう。アリョーシャにソロヴィヨフの影を指摘する人もいる。

ここで若きソロヴィヨフが、スエズの砂漠において出会ったという神秘的体験について記してみよう。一八八五年五月、「インド哲学、グノーシス哲学、中世哲学の研究」という留学目的でヨーロッパへ旅立ったソロヴィヨフは、ロンドンの大英図書館でカバラやグノーシスの研究に没頭する。しかし、半年後の十月、彼は突然、エジプトへ出発する。晩年（一八九八年）、ふたたびカイロを訪れた彼は、長詩『三つの邂逅』なる作品を遺しているが、このなかで、エジプト行きを決意させた情景が次のように語られている。

秋の初めの或る日
思いきって私は彼女に訴えた。
花咲くごとく絢爛たる神の精よ、御身がここにおられることはわかっているのです。
御身は、幼時には私の眼前にその御姿をお示しくださったではありませんか。

この言葉を心の中で語った刹那
突然周囲がまばゆい瑠璃色で満たされて
私の前に再び彼女が輝いていたのだ。
だがそれは彼女の顔だけだった。
……
私は彼女に懇願した。御身は顔を顕わしてくださいました。
でも私は全身が見たいのです。
御身は幼い私に出し惜しみなどなさらなかったではありませんか。
青年になったからといってそれを拒む道理はありません！

「エジプトへおゆき！」私の内部で声が響いた。

さらにソロヴィヨフは、砂漠で〈彼女〉と会った情景を『三つの邂逅』のなかで書いている。

私は悶々と苦しい夜を過ごしていた。
その時ふとささやきが。「お睡り、私の可哀相な友よ！」
そして私はぐっすりと寝入り、軽く目覚めると――
天も地も一面に薔薇の花々で息づいていた。
天界の輝きを放つ緋袍を纏い
瑠璃の炎に満ちた瞳で
御身は見つめておられた。
まるで、世界創造の日に最初に差し込んだ光のように。

過去、現在、未来のすべてが
この凝視の中に包み込まれた。
私の前に、海と河、そしてはるかな森林と雪と峰とが
輝いている。

私はすべての物象を見た。そしてすべての物象はただひとつ

ただ一人の美しい女性(にょしょう)の姿に変化(へんげ)した。
彼女の中に無限なものが溶け込んで
私の前には、私の中には、ただ一人御身だけが。

おお、きららかに輝ける君！　御身は私を裏切らなかった。
私は砂漠で御身に拝謁した。
私の魂の中の薔薇の花々は枯れはせぬ。
生活の怒濤が何処かへ去った。

ほんの一瞬のことだ！　幻は消えた――そして太陽は地平線から昇りはじめた。
砂漠は静かだ。魂は祈っていた。
そして魂の中で歓喜の高鳴りは歇まなかった。(22)

ソロヴィヨフの体験した〈彼女〉との出会いは、彼自身の回想によるしかない。砂漠での二十二歳の彼を襲ったこの体験が、長く思索のうえで影を落としていたことは、その後、彼が「神秘的、神智学的、哲学的、魔術的、政治的内容と対話的形式をもった作品」を書こうとしていたことからもうかがわれる。〈彼女〉がソフィアであったかどうか、これに対する細かい詮索はここでする必要があるとも思えない。若き哲学者の神秘的な体験をもって、ソロヴィヨフの哲学全体を神秘主義の色どりのなかで考えようとする気にも、私はなれない。ただ、ここにロシア・サンボリスムの詩人たちを感動させた、ソロヴィヨフの思索の核心的部分がほの見えている気がする。彼の哲学的言説がどのように説かれることがあったとしても、その奥底にこうした神秘なものへの畏怖と憧れがあったからであり、ベールイやイワーノフは、自分たちの詩人の霊感のうちに、この想念を明敏に感じ取っていた。

かつて、ベルジャーエフは遺稿として残された『霊の国　セザルの国』の最後で、新しい、来たるべき神秘主義について言及していた。彼によれば、「深遠な霊性を含まないような神秘主義は、みなにせの神秘主義である。宇宙的であれ、社会的であれ、集団的神秘主義の諸類型はみなにせものである」[23]とされる。彼は霊的覚醒と深化の過程に、新しい神秘主義の誕生をみて、これこそが、霊の国のセザルの国に対する勝利であると断じ、筆をおく。

二十世紀も九〇年代のなかばを超えたいま、今世紀の世紀末を考えるにあたり、十九世紀から二十世紀初頭にかけてのロシアの神秘的思潮のあり方を少し考えてみた。これまでの私の議論でわかるように、神秘主義そのものへの関心は私にはあまりない。けれども、もし関心のある問題があるとすれば、モダニズム誕生の背後には神秘主義の再生があった、という仮説である。十九世紀後半期の思想を考えるうえで、この仮説はきわめて重要であり、モダニズムをめぐる議論、さらにはポスト・モダニズムに関する評価は、この知見によって補強されない限り、不毛な立論の応酬にしかならないように思える。

ただ、不幸にして、いまだに前近代と超近代の不分明な融合のなかに、近代そのものが幽閉されているこの国の現状で、モダニズムの背後に神秘的なるものの再生を探る試みが必要になるのは、まだ遠い先のことかもしれない。

【注】

(1) F・M・ドストエフスキー著『罪と罰』(米川正夫訳) 全集第九巻 河出書房新社、一九六九年。
(2) B・L・パステルナーク著『ドクトル・ジバゴ』(江川卓訳) 時事通信社、一九八〇年。
(3) 講座『20世紀の芸術』第三巻「芸術の革命」 岩波書店、一九八九年。
(4) ローゼンブラム著『近代絵画と北方ロマン主義の伝統』(神林恒道・出川哲郎訳) 岩崎美術社、一九七三年。
(5) V・V・イワーノフ、V・N・トポローフ共著『宇宙樹・神話・歴史記述』(北岡誠司編訳) 岩波書店、一九八三年。
(6) B・ウスペンスキー著『イコンの記号学』(北岡誠司訳) 新時代社、一九八三年。
(7) J・E・ボウルト編著『ロシア・アヴァンギャルド芸術』(川端香男里他訳) 岩波書店、一九八八年。
(8) P・D・ウスペンスキー著『超宇宙論』(高橋克巳訳) 工作舎、一九八六年。
(9) 前掲書。注7を参照。
(10) 前掲書。注7を参照。
(11) P・パスカル著『ロシア・ルネサンス』(川崎浹訳) みすず書房、一九八〇年、安井侑子『ペルテブルグ悲歌』中央公論社、一九八九年。
(12) ベールイ著『銀の鳩』(小平武訳) 集英社版『世界の文学』第三巻、一九七八年。
(13) ベールイ著『ペテルブルグ』(川端香男里訳)『世界文学全集』(講談社) 第八二巻、一九七七年。
(14) 前掲書。注12を参照。

(15)　ベールイ著『魂の遍歴』（川端香男里訳）白水社、一九七三年。
(16)　P・D・ウスペンスキー著『奇蹟を求めて』（浅井雅志訳）平河出版社、一九八一年。
(17)　K・P・スピース著『グルジェフ・ワーク』（武邑光裕訳）平河出版社、一九八二年。
(18)　御子柴道夫著『ソロヴィョフとその時代』全二巻　刀水書房、一九八二年。
(19)　F・M・ドストエフスキー著『カラマーゾフの兄弟』（米川正夫訳）全集三巻　河出書房新社、一九六九年。
(20)　ベルジャーエフ著『愛と実存』（野口啓祐訳）筑摩書房、一九五四年。
(21)　前掲書。注19を参照。
(22)　前掲書。注18を参照。
(23)　前掲書。注20を参照。

ブラームスと新ウィーン楽派
――「眼を後ろにつけ、前へ向かって歩く」者

T・W・アドルノといえば、「難解」という言葉が返ってくると即座にいわれるくらい、その文章は一般的に晦渋と思われている。確かにその面は否定しようもない。しかし、ヘーゲルの弁証法を考察し、そこにヘーゲル自身すら思考しえなかった、「同一性と非同一性の非同一性」を探ろうとするアドルノの思索がきわめて理解困難なものを抱え込んでいるのは確かだとしても、彼のすべての文章がわかりにくいわけではない。たとえば、「ウィーン」（一九六〇年）という佳篇がある。この文章は『幻想曲風に』（一九六三年）という彼の第二音楽エッセイ集に収められているが、『幻想曲風に』のなかで「ウィーン」だけがどういうわけか日本語訳（川村二郎訳『現代人の思想』第14巻「伝統と現代」〈平凡社〉所収）されている。この文章もやさしいとはいいかねるが、少なくとも哲学的・思想的エッセイよりはわかりやすい。「ブラームスとシェーンベルク」のことを考えているうちに、この「ウィーン」が思い出された。

この文章は第二次大戦後の音楽状況、すなわちシュトックハウゼンとブーレーズの対比を見据えながら、シェーンベルク、ベルク、ウェーベルン、つまりアドルノ自身が私淑した新音楽派の歴史的意

味を回想風に綴ったものである。ここでのアドルノの問いは、「新音楽派の創造が両大戦の狭間で、どうしてウィーンという都市で生じたのか」というものだった。当然、書かれた年代からも理解される通り、彼の視野には第二次大戦後の音楽状況におけるアメリカを中心とした「全世界的な新音楽技法の制度化」、それと比較するとあまりに貧しい「戦後のウィーン音楽の現状」が同時に見えていたはずである。彼の問いをあえて単純化していうなら、同時代的に見ると、新古典派や新民族音楽派と比較して、ドイツ語圏の外では新音楽派のもった孤独な社会的非妥協性がせいぜいのところ音楽的洗練の欠如としか思われなかったにもかかわらず、第二次大戦後において、どうしてその技法がかつては想像もし得なかったほどの普遍的権威を獲得するようになったのか、こう敷衍することもできよう。

一九一〇年前後、革命的芸術運動はかつて予感されることすらなかったものの大海を目指して大胆に船出したが、こうした冒険も約束していた成功をもたらしはしなかった。（大久保健治訳）

遺著『美の理論』（一九七〇年）の冒頭で、アドルノは、現代において「芸術に関する自明性」が何ひとつないこと、これが自明になったというきわめてアイロニックな命題を提示する。無限に開かれた芸術の可能性は今や収縮してしまった。こう規定する彼にとって、今世紀初頭のアヴァンギャルド芸術の運命は右の引用文のごときものであった。芸術作品の創造と芸術作品の制度化、この間に存在する二律背反、それを根底まで凝視するのが生涯を通じてのアドルノの思索の中心をなす事柄だったわけだが、「ウィーン」においてもそうした姿勢は貫かれている。この文章の主題である「ブラームスとシェーンベルク」は「ウィーン」で示されたその街の伝統とこれに敵対する反抗者たるアヴァンギャルドの関係を語ることを通して明瞭化される。

＊

まず、世紀転換期前後のウィーンの文化的事情に眼を向ける必要がある。K・クラウスやA・ロース、シェーンベルクが敵対したその街の支配的文化とはどのようなものであったのか。それは白銀時代のオペレッタの代表作《メリー・ウィドウ》に見られるような退廃の香りのする蠱惑に満ちた奢侈的文化だった。F・レハール、E・カールマンのメロディは聴く者をどこまでも甘美な情緒へと誘うが、その審美主義的趣向はユーゲントシュティルの様式と折り合うことはあっても、新音楽派が目指したような形式化の徹底とはおよそ正反対の作品創造なのである。H・ブロッホが『ホーフマンスタールとその時代』のなかで記したように、「生の様式そのものが市民的虚飾と化し、実質の貧しさが外面の豊かさによって隠蔽された」折衷主義の時代という定義こそ、この時代のウィーンに相応しい。ホーフマンスタールが「チャンドス卿の手紙」で告白した「書くことの不可能性」、「不在の言語への共感」は、K・クラウスのいま読むと不気味に思えるヒステリックで辛辣極まりない批評と、たがいに相補的性格をもつものであった。表現者の前に広がる限りない明るさが表象すべてを呑みこむ虚無、それがウィーンの実像だったのだ。

このように当時のウィーンの雰囲気を考えると、ブラームスの作品は今の人たちがごく自然にクラシック音楽として聴いているものと、かなり違ったところで聴かれていたことに気づく。彼は一八九七年四月に六三歳で死去しているが、シェーンベルクの最初の作品《二つの歌曲》（作品1）がちょうどその頃に作曲されたことはもっと注意されるべき事柄だ。確かに誰もが口にする、ブラームス音楽の北ドイツ的性格が存在するかもしれない。T・シュトルムの詩「町」の初めの部分を思い起こしてみよう。

灰いろの海岸　灰いろの海
そのそばにある町なのだ。
霧が重たげに　家々の屋根をおしつけ
しずけさをぬって　海が町のまわりで　単調にざわめくばかり。（藤原定訳）

シュトルムの育った小さな港町フームズと大都会ハンブルクとでは人口の点でも比較にならないが、海辺の情景として共通するものを含んでいるように思う。ブラームス自身もシュトルムの詩に曲をつけている。作品86の4（一八八二年）、「荒野をゆくと」はこんな詩である。

荒野をゆくと　ひびくのはぼくの足音、
地面からにぶいその音がして　いっしょにさすらう。
秋になり、春はとおくだ――
いつか　幸福なときがあったのだろうか？
このあたりに　たちのぼる霧はゆうれいじみて

草はくろずみ　空はただむなしいばかり。
五月にぼくがここを　歩いたことがなければよかった！
人生と愛――飛びさるようにすぎてゆく！（藤原定訳）

短い詩ながら、詩と音楽情緒がうまくかみあっている。有名なシュトルムの短篇小説『みずうみ』（一八四九年）の冒頭、晩秋の老人が町を歩いていく光景なども、ブラームスの曲を思い出させる。しかし、音楽を情緒的に味わうところから出てくる感傷を、これ以上詮索してもしかたあるまい。問題にしたいのは、創作の局面で新音楽派の人々がブラームスの作品における何を受け取ったかなのだ。

ブラームスが一八六二年から暮らしたウィーンは、J・ロートが『ラデッキー行進曲』（一九三二年）で回想しているように、オーストリア・ハンガリー帝国の黄昏の時期にあたっている。フランツ・ヨーゼフの長い治世（一八六七―一九一六年）は穏やかに進行するハプスブルク体制の没落の道筋であった。一八五七年に城壁が壊されて、リングシュトラーセがつくられることになり、八年を要して次々と壮麗な建築物がリングの左右に現われる。今日の国立歌劇場もブルク劇場も、そうした建築物のひとつだった。しかし、こうした華やかさの半面にいいようもない不安感が生まれていたことに注意すべきである。一八六七年は《美しき青きドナウ》のつくられた年だが、経済恐慌が深刻な社会的影響を与えた年でもあることを忘れるべきではない。また、その前年に起こった普墺戦争の敗北は中欧におけるハプスブルク帝国の発言力を決定的に低下させた。ブラームスがE・ハンスリックの好意的な批評による擁護でウィーンでの名声を確実なものにし、ウィーン・ジングアカデミーの指揮者になるのは一八六三年九月のことだ。当時のウィーンは過去に「ウィーン古典派」という歴史的遺産をもつものの、メッテルニヒの長く続いた文化的統制や検閲はあらゆる分野での文化活動を衰えさせていた。そのウィーンでロマン主義音楽の形式的完成という偉業をブラームスは行なったのである。一八六八年、《ドイツ・レクイエム》(ブラームス)と《ニュルンベルクのマイスタージンガー》(ワーグナー)が初演地こそブレーメンとミュンヘンと異なるが、いずれも成功した事実は記憶されるべきだろう。この対比を音楽における「ワーグナー派」と「反ワーグナー派」の対立というふうに矮小化して見るべきではない。ドイツ音楽の新しい可能性が二つの大作によって幕をあけたと考えた方がよい。そして、ワーグナーの背後にはバイロイト祝祭劇場完成以後、その劇場を訪問したという事実においてドイツ皇帝ヴィルヘルム一世が存在することになる。つまり、やや誇張していえば、二人の対立はプロイセン・ドイツ帝国とオーストリア・ハンガリー帝国の音楽的対立といえなくもない側面をもっていた。こうした政治的コンテクストをおさえることは重要なことだ。

さて、ブラームスを迎えたウィーンには演奏会の制度化という、有力な基盤があった。ウィーン・フィルハーモニーの成立は一八四二年だが、W・ウェーバーの『音楽と中産階級』(法政大学出版局)を読めばわかるように、一八四八年頃には現在まで続くクラシック音楽の演奏会スタイルが完成していた。過去の作品と創作されたばかりの自作をプログラムのなかで組み合わせて演奏することが可能になった。しかも、ウィーンの聴衆の求めていた、あまり刺激的でない、伝統を感じさせる中庸な音楽という好みにブラームスの作品はぴったりだった。彼はウィーンにおいて古典派の後継者として認知されたのである。この「中庸さ」はあくまでもウィーンの聴衆のもったブラームスへの判断であって、作曲家自身の創造上の目標はロマン主義音楽形式の完成にあったことを強調しなくてはならない。ブラームスはベートーベン、シューベルト、シューマンが創造を中絶した地点から、おのれの創作を開始したのだ。「シェーンベルクはブラームスの徒として出発した」と、アドルノが主張する地点はここにある。

深い音楽史の知識に裏打ちされたブラームスの作品、それは当時のウィーン音楽学の達成を意識的に導入した結果でもあるのだが、新音楽派の出発の土壌もそこにあった。十九世紀後半の時代思潮が広い意味で歴史主義にあったことを思い起こすべきだ。ことに国家支配の正当性を伝統のなかに求める必要のあったウィーンで、この傾向はより顕著だったはずである。「古き良き時代への郷愁」はこの街のアウラだった。《ワルツ集》（作品39）に見られるブラームスのウィーン家庭音楽への愛着は多くの共感をよんだに違いない。シェーンベルクの書き残した数多くの「キャバレー・ソング」も、生活の必要から生まれたという点があったにせよ、この街への愛情から生まれたものだった。そのような情緒面での共通性とは別に、ブラームスからシェーンベルクへ受け継がれたもの、それは歴史上の作品を通時的に分析することを通して、作品の形式的意味を徹底的に解明する姿勢だった。「眼を後ろにつけて、前へ向かって歩く」という、ある詩人の言葉が思い起こされるが、まさしくブラームスが古典を学びつつ習得した「細部までの表現の造型性」「楽曲の体系化」、楽想を節約しつつ豊かな印象を与えること、それらはすべて新音楽の誕生に深く寄与しているのだ。

シェーンベルクによって管弦楽に編曲されたブラームスの《ピアノ四重奏曲第一番》（作品25）を聴くとき、両者の関係性の濃さを十分感じとることができる。しかも、彼らの創造が可能だったのはカカーニエンと呼ばれた、いまだ古代的な自由放任の遺制を残す君主国の内部でだった。「前衛が育ち得るのは、たとえば今はもう語り草となったカフェが文字通りそうであったような、意見を異にする人々の特別保留地区においてのみである」と、アドルノがいう場が都市ウィーンにはあった。表現の自由を完全に差し押さえてしまうのでなく、権威ある組織への抵抗を同時に生み出し保護するという摩訶不思議な特性を「特性のない男」の住む街は、帝国の崩壊までもっていた。S・ツヴァイクの『昨日の世界』が、失われた故郷への追憶だったように、アドルノの「ウィーン」も新音楽派を生み出したウィーンへの鎮魂歌だったように思えるのは、筆者ばかりではあるまい。

ミュンヘンの青春様式（ユーゲントシュティル）

世紀末芸術といえば、日本では不思議なことにアール・ヌーボーの名称が定着してしまっている。もともと、アール・ヌーボーとはS・ビングがパリでオリエンタリズムとエキゾティズムを喚起する異国趣味の商品をあつかった店の名前であった。この言葉が一九〇〇年のパリ万国博の世界的反響のなかで、広く世紀末の美術、建築、家具、工芸、ガラス製品、書物の装幀、ポスターのデザイン、ファッションなど、多方面の美的創造の試みを総称する名辞となっていったように思う。しかし、いよいよ本当に二十世紀の世紀末もあますところ十五年余りとなったいま、こうした曖昧な概念を無自覚に使用するのではなく、ヨーロッパの個々の国、ひとつひとつの都市の具体的な場に則した十九世紀末の描像を記述することが必要になってきたのではないだろうか。

ここでは、ロンドン、パリ、ウィーンという三つの都市に比較すると日本ではあまり知られていない、ミュンヘンのユーゲントシュティルの芸術運動について少し紹介してみよう。ユーゲントシュティルとは、ドイツ語で「青春の様式」を意味している。一八九〇年代のなかばから一九〇七年頃までの、ミュンヘンに集まった若き芸術家の創造を総称してユーゲントシュティルと名づけるわけだが、この言葉のもともとの語源は、一八九六年にゲオルク・ヒルトが創刊した雑誌『ユーゲント』に由来している。この週刊誌『ユーゲント』はわずか二〇ページにも満たない小冊子であったが、石版刷の色調の斬新でファッショナブルな表紙、豊富なヨーロッパ各地の流行衣裳に関する情報、機知にあふれた風刺漫画、新しい商品の広告などが盛りこまれ、世紀末のミュンヘンで爆発的成功を収めた。今日の眼から見れば、規模は小さいとはいえ、イラストとグラフィックをふんだんに使用した広告入りの女性誌の原型をここに見出すことはきわめて容易である。

ドイツは普仏戦争の勝利、ドイツ帝国の建設のもとに十九世紀末を迎えたわけだが、帝都ベルリンはいまだ田舎町からの脱皮の只中にあったのに対して、ミュンヘンはバイエルン王国の首都であったこともあり、またパリ、ウィーン、ミラノ、ブリュッセルなどの都市を結ぶ鉄道の中継点であったこともあって、ヨーロッパ各地の絶え間ない芸術家の交流の舞台となっていた。このことを具体的に表わしているのは、ミュンヘンの新興街シュヴァービングのカフェやカバレットの盛況である。ミュンヘンの「誇大妄想（クレーセンウァーン）」館ステファニー、芸術家酒房「ジンプリチシスム」、政治カバレット「十一人の死刑執行人」などには、ドイツやオーストリアの各地から、数多くの芸術家やボヘミアンが集まってきた。

ユーゲントシュティルの芸術を語るとき、まず取り上げねばならないのは詩人と画家の本の共同制作である。この背景には、一八九九年から三年しか続かなかったとはいえ、二十世紀ドイツ文学の文字通り曙光として記憶される豪華な文芸誌『インゼル』が存在した。わずか二十一歳の青年、シュレーダーとハイメルが刊行した『インゼル』は、新しいタイポグラフィ、装画を大胆に用いた割付けなどで、ホーフマンスタールやリルケの華麗な詩的世界を視覚化して提供した。こうした作家のなかで最も有名なのが、ヴォルプスヴェーデの画家フォーゲラーであろう。彼の夢見るような淡い筆致と美しい構図は、詩の表現効果を高める役割を十二分に果たしている。日本でも、竹久夢二などはこうしたフォーゲラーの影響を受けていると想像できる。たしかに雑誌としての『インゼル』は短命に終わったが、インゼル社は今日に至るまで出版を続け、インゼル叢書やリルケの全集に見られる美しい本作りを残している。

世紀末の芸術が広い意味でのデザインを志向したことは、ユーゲントシュティルの場合も例外ではない。リーマーシュミットが内装を担当したシャウスピールハウスのロビーや舞台装飾などは代表的なものだろう。そこには世紀末芸術特有の流れるような曲線と平面的な装飾性の充満が顕著に見られる。フォーゲラーも画家でありながら、インゼル館の内装を手がけているし、ベーレンスやシュトックは自分の邸宅を自分で設計し、内装もすべて自分で行なっている。ここにモリスから始まるアーツ・アンド・クラフツ運動のドイツ的表現を見ることは十分可能であろう。ただ、ユーゲントシュティルの場合、意匠がかなり洗練され、ウィーンの分離派館の設計者オルプリヒの影響がきわめて濃いことは注目すべきことである。

雑誌のイラストやファッション画のなかで興味深いのは、一方でファッション画が一八九〇年代から一九〇〇年代の女性の衣裳をきわめて忠実に追い、そうした衣裳を美しい自然や新しく改装された街並みや公園を背景にして描いているのに対して、イラスト画がエキゾティックな花、菊や蘭、百合、あやめ、牡丹などを愛好し、孔雀や白鳥などを巧みにあしらっていることである。そして、ウンディーネと呼ばれる水の妖精がしばしば登場し、踊る女性のスカートのひだや肢体の美しさが線で表現される。ここには、ドイツ語で〝レンツ〟と呼ばれる春の祝祭のイメージ、さらにドイツ・ロマン主義のもつメルヘン的雰囲気が感じられる。たしかに、ミュンヘンのイラストレーターであったエックマンやパンコックなどの『ユーゲント』に載せたイラストには、ウィーンのクリムト、ロンドンのビアズレーにあるような「宿命の女（ファム・ファタル）」のまがまがしいイメージはない。むしろ、ユーゲントシュティルのイラストはビアズレーやクリムトに比べれば、はるかに上品で機知があり、繊細ではあるが強烈なエロスの香りをどこか欠いている。むしろ、それらはフーケやノヴァーリスのメルヘンにかよい合う春の喜びが素直に表出されている。今日から見ると、こうしたユーゲントシュティルの甘美な世界に一時はどっぷり浸りながら、一九〇八年頃を境にして抽象の方向へ身を転ずるカンディンスキーの軌跡やクレーの抽象志向などを、表現主義絵画との相関のなかで考えることがこれからの課題であろう。

ユーゲントシュティルにも、ジャポニスムの影響はきわめて濃い。一九〇〇年のパリ万国博で公演し大好評を得た川上音二郎一座の公演をフランツ・ブライは『インゼル』誌で批評し、絶讃している。また『インゼル』誌には、おそらくハイメルがパリの林忠正の店で買い求めたと思われる浮世絵の下絵が八点も載せられている。京都工芸繊維大学の美術工芸資料館に収蔵されている、ミュッラーのポスター『貞奴』などを見れば、当時の芸術家の眼に映じたキモノの美しさが、彼らの異国趣味をどれほど満足させていたかを知ることができるだろう。

文学におけるユーゲントシュティルを考える時に忘れてはならないのは、作家トーマス・マンである。彼は一八九八年、『ユーゲント』や『インゼル』と並ぶ雑誌『ジンプリツィシムス』の原稿鑑査・校正係になった。仕事のかたわら、彼の出世作『ブッデンブローク家の人々』を書きつぎ、この大長篇は一九〇一年十月に刊行され、マンの文名を不動のものにした。彼は一九三三年、ナチスの政権掌握で余儀ない亡命の旅に出るまで、活動の中心をミュンヘンにおいていた。彼の初期の短篇、たとえば『神の剣』や『衣裳戸棚』や『トリスタン』には、ミュンヘンの描写やユーゲントシュティル風にしてはめずらしいほど夢幻的な場面が描きこまれている。後に、第一次世界大戦中に書き続けられる『非政治的人間の考察』でマン自身が振りかえっているように、当時の彼の心を占めていた三つの星、ニーチェとワーグナーとショーペンハウアーの暗いデモーニシュな情調がこうした短篇の細部までも蔽いつくし、そこに生ずる世界苦は『ベニスに死す』で頂点に達する。彼もまた、自らの表現を転換する必要に迫られるのだ。

最後に、日本ではあまり紹介されていない女流作家レヴェントロフ伯爵夫人のことを少し書いておこう。北ドイツのフーズムに生まれた彼女は、画家を志望してミュンヘンに来て、ステファニーの常連となった。彼女は父の名を最後まで明らかにすることなく、息子を生み育て、シュヴァービングのカフェやカバレットの人気の的となった。ゲオルゲの高弟ヴォルスケールや秘教的哲学者クラーゲスなどと、バッハオーフェンの『母権論』を読み、神秘主義的な宇宙論のサークルをつくったりもした。彼とくにクラーゲスとは自由な男女の交際を続け、まさしく「ミュンヘンの翔んでる女性」だった。彼女の手紙や日記を読むと、当時のミュンヘンの芸術家の交流がどんなものであったか、きわめてよくわかる。早く紹介されてほしい作家の一人だ。

一九一四年六月二十八日サラエヴォで起こったオーストリア皇太子暗殺事件は、第一次世界大戦の引き金となった。普仏戦争以来、平和のなかに暮らしてきた西欧の人々はおよそ半世紀ぶりに戦争を体験することになった。

ベル・エポックの時代は終わった。ユーゲントシュティルの創造は、頂点を過ぎていた。時代は不安を予感した表現主義へ移りつつあった。けれども、ユーゲントシュティルの創造の息の根を最終的に止めたのは戦争であった。ドイツ全土を包む愛国主義の嵐のなかで、ミュンヘンに集まった芸術家は四散していった。彼らは二度ともどってこなかった。戦争が終わると、ミュンヘンは左右両派の内戦の戦場となり、そこからナチズムが生まれてきた。ドイツ文化の中心はベルリンに移る。

今日から振りかえってみると、ミュンヘンのユーゲントシュティルは、二十世紀ドイツ文化の束の間の春、かけがえのない青春として記憶されるべきものに見えてくる。

ランボーと世紀転換期のドイツ——過激な文明批判

ランボーが今世紀初頭のドイツ文学へ与えた影響を考えるのに格好の証言がある。トーマス・マンの長男であるクラウス・マン（一九〇六年ミュンヘン生まれ）の自伝的回想『転回点——ある生涯の報告』（一九五〇年）の一節だ。

アルチュール・ランボー。あの叛逆者、不敵な神童だ。浮浪者（ヴワユー）ランボー——見者（ヴォワイヤン）ランボー、彼は私のパルナスにおいて、圧倒的な独裁者としてふるまう。私はニーチェのそばに彼の立像を置いたのだが、彼はニーチェと同じく、何よりも人物としてまた運命として、私の心を奪うほどの讃嘆すべき存在だった。……私の世代も、私に先立つ世代も、私につづく世代も、すでにこの三つの世代が「酔いどれ船」の呪縛にかかっている。私たちの「文化のなかでの不快感」が、魔法にかけられることを求め、出発を、脱走を欲し、燃える地平線、金属質の虹、うっとおしい夜、熱っぽい曙光、あらゆる未曾有の美と戦慄にあこがれていた。ランボーはそれを私たちに、目くるめくような荒々しい身振りで見せ、約束し、露呈してくれた。

「ランボーの脱走は私にとってひとつの象徴、ひとつの神秘的事件だった」とするクラウスは敬愛する文学者としてランボーをクライストやビューヒナーと同列に置く。ニーチェの狂気を加えれば、そこでクラウスがランボーのうちに何を視ようとしたか、おぼろげながら分かってくる。それは過激な文明批判の姿勢である。

文明がくずれ腐りかけていることを私たちはまだしかと見定めることはできなかったが、不安な予感をもって気づいてはいたのだ。そういう文明への倦怠からして、私たちはこのダイナミックな先導に勇んでついて行こうという気になっていた。どこへ。どんな遠くへ。いかなる黙示録的な国へ。……

この文明批判と文明からの脱走の気分が、クラウスの指す「私の世代も、私に先立つ世代も、私につづく世代も」、この三つの世代に共有されていたことに注目する必要がある。この三つの世代の最初の世代である前世紀後半期に生まれた若者たちが見た帝国ドイツの現実とは何であったのだろうか。

一八九〇年、ビスマルクは二十五年にわたる宰相の地位から罷免され、ヴィルヘルム二世のドイツ帝国直接統治が始まった。クラウス・マンの弟である歴史家ゴーロ・マンは、ヴィルヘルム二世の統治がナポレオン三世の権威帝政に近かったことを指摘している。十九世紀前半のフリードリヒ・ヴィルヘルム三世のプロイセン王国に比較すると、「今度のプロイセン宮廷は金使いが荒く、常軌を逸していた。その金は水増しされた皇室費と皇室が秘かに行なっていた産業投資で賄われ、ここを訪れる人たちは皇帝と俗悪な奢侈を競うヨーロッパ、アメリカ財界の大立物、銀行家、投機家であった」。ナポレオン戦争敗北の教訓を生かし、質実剛健なプロイセン王国を再建した十九世紀前半の治世に比較して、ヴィルヘルム二世の帝国がどんなに対照的なものだったのか、このことは世紀転換期のドイツ文化の情況を考えるにあたって、まず念頭に置くべきことがらなのである。

> 人々に、新たな、大いなる**軽蔑**への勇気を引き起こさねばならない。たとえば金持や官吏等々を軽蔑する勇気を。あらゆる非個性的な生活形式は、下品で、軽蔑に値するものとならなければならない。

ニーチェは一八八一年の断章で、このように記しているが、急速な資本主義化にともなう成金階級の台頭、文化的俗物の出現は、当時の自然科学的世界像の普及とともに、ドイツの文化情況を物資一元主義に塗り立てていった。このような時代の趨勢が、ナポレオン三世による第二帝政下のパリの文化ときわめて似た様相を呈していたと、ゴーロ・マンは言いたかったのであろう。

帝国主義へ向かう、上からの急激な資本主義化は、当然のごとく都市化を促進する。世紀転換期のドイツの大都市には、パリのモンマルトルにあった「黒猫（シャ・ノワール）」を模したキャバレーがいくつも開店する。とくに、この傾向に拍車をかけたのが一八九八年のイヴェット・ギルヴェールのドイツ公演と一九〇〇年のパリ万国博だった。ベルリンのカフェ「誇大妄想狂（グレーセンヴァーン）」やミュンヘンのキャバレー「十一人の死刑執行人」などでは、かつてのパリ・カルチェ・ラタンのボヘミアン気分の時代批判が盛り上がっていた。

もうひとつ、この時代の現象として忘れてならないのはドイツ青年運動、すなわちワンダーフォーゲルの台頭である。一九〇一年十一月四日、ベルリン郊外の小さな会合から始まったこの運動は、またたく間にドイツの若者たちを糾合させ、ドイツ全土ばかりでなくドイツ語圏全体を包含する全運動となり、ドイツの野山はギターをもつ若者たちの自然発見の場となり、キャンプファイアーの火は古代の火祭のごとく燃えさかった。

このカフェ・キャバレー文化とワンダーフォーゲル運動は、その成立事情からみても異なる基盤から発生したものには違いないが、当時のドイツ帝国の堕落した文化を侮蔑し嘲弄する点においては同質な志向を含んでいた。表現主義の詩人の多くが一八八〇年代中葉以降の生まれで、ハイムとホディスとヒラーが一九〇九年からベルリンのカフェでダダを先取りするような催しをやったり、トラークルが十七歳の頃（一九〇四年）にもう麻薬煙草やクロロホルム麻酔にひたってボヘミアン詩人を気取っていたことを思い起こせば、ドイツ表現主義文学の主要な養分がフランスのサンボリスムと呪われた詩人たちの詩的営為にあったことは明瞭であろう。

さらに付け加えねばならないのは、この時代のドイツの青少年を熱中させたカール・マイ（一八四二〜一九一二年）の読み物である。七十冊を超える彼の冒険小説は北アフリカからアラビア半島の砂漠、アメリカ西部の荒野、南アメリカ・アマゾンのジャングル、バルカン半島の大平原などというエキゾチックな舞台設定、さらに主人公の波瀾万丈の大冒険で、当時の若者を熱狂させた。この冒険物語は、もとよりドイツ帝国の中東進出政策に見合うものであったが、こうした社会的意味とは別に若者の胸へ異郷への憧憬を芽生えさせる効果をもつものであった。一八八五年生まれのエルンスト・ブロッホは、いくぶん誇張気味ではあるが、カール・マイを「ホメロス風の雄大な物語作家で、まさに世紀の夢を実現した作家」だと評価し、「そのすべてが泡だち、そして子ども心の糧となり、それを包むひびきとなり、さまざまな渇望の溶液をなし、……谷間、平野、峡湾、山脈、危険な町々の上空に、ほどなくメタフィジックの最初の予兆が北極光を輝かした」と追想している。

ザクセン州の都市ケムニッツの貧しい織工の五番目に生まれたマイは充分な教育を受ける生活環境にはなかった。彼の作品に描かれた異国世界は、集めた書籍や地図、紀行文や植民地経営のための報告書などを元にして、自己の空想的想像力をはばたかせて創造されたものだった。マイ自身がアメリカ西部へ旅行したのは晩年のことで、中近東やアフリカへ現地調査へ行ったことはなかった。にもかかわらず、彼の作品に現われる土地の表情、人々の生活や風習、そして動植物の名前は実に正確だった。それ故にこそ、彼の紡ぎだす物語の世界へ魅せられ、いまだ見ぬ荒涼とした砂漠の果てしなき拡がりへ憧れる若者が多かったのだ。

カール・マイの物語を実地に体験しようとした少年の一人にエルンスト・ユンガーがいる。一八九五年にハイデルベルクの薬剤師の長男に生まれたエルンスト少年は、マイなどの冒険小説、『ロビンソン・クルーソー』などに親しむうちに、田舎町の安定した生活や退屈な学校生活を嫌悪するようになった。それと反対に、彼の内面ではアフリカへの熱い憧憬の念が次第に強く育っていった。

アフリカは私にとって野性と根源の典型、私が営もうとしていた判型の人生が唯一可能な舞台だった。自分のことが自由にできる暁にはそこへ赴かねばならないことは私にとっては確定したことだった。

後にユンガーは当時の気持をこのように述懐している。彼は十八歳になった秋、家出してヴェルダンまで行き、フランスの外人部隊へ入隊し、北アフリカへ行こうとする。父親の奔走でこの外人部隊の生活は二ヵ月ほどで終わり、ユンガーは故郷へ送還されてしまう。けれども、どんなに短期間であったにせよ、彼にとって夢の地アフリカへ足跡を遺そうとした行動には切実なものがあった。そのためであろうか、彼は後にこの小さな冒険について、幾度か回想を試みている。

少年ユンガーがどのようにランボーと出会ったか、今のところ、私の調べはついていない。ただ、一九三四年に発表された彼の『母音頌』という論文を読めば、ユンガーにランボーの影響がはっきりと刻印されているのを確かめることはできる。『母音頌』は、「母音の国への私たちの一旅行」を目指した文章なのだが、ここにはランボーへの言及がある。

ランボーにはあの美しい詩があって、それぞれの母音にひとつの色が添えられている。この種のメタモルフォーズは、ただに空想のきれいごとの世界でのあそびにすぎぬととるべきでないことは、日ごろ、実際の経験からおしえられるのである。音から光へ、光から音へのメタモルフォーズは、私たちの時代の機械技術の一部をなしているのだ。

このようにユンガーはランボーの『母音』を取り出し、その詩のなかでの母音と色との対応に対するユンガーの評価を試みている。

ランボーの視線は、たんなる技巧の領域をはるかに超えた彼方をもみているのであるから、ここに暗示されているのは、おそらく二様の言語のあいだのふかい差異である。

ユンガーのドイツ語にとっては、ランボーの母音に与えた色（Aは黒、E白、I赤、U緑、Oは藍）に対し、「むしろAとOには明るい二色、赤と黄を配し、他方、IとUにはもっと暗い大地の色がちかい」とするのだが、ここで注目したいのは『母音頌』そのものが『母音』の第二行目の「母音よ、汝が潜在の誕生をいつか、我は語らむ」という呼びかけに、ドイツ語のメタフォール論として応えている点にある。ユンガーは論末に彼自身の母音へのイメージを次のように語る。

> Aは高さとひろがりをふくみ、Oは高さと深さを、Eは虚と崇高を、Iは生と腐敗、Uは生殖と死、である。Aにおいて力を、Oにおいて光を、Eでは精気を、Iは血肉を、Uにおいては母なる大地を、よびだすのである。

この論定とランボー自身の「直観的なみじかい比喩」（ユンガーの言葉）との比較も興味あることだが、

ここでは省略する。ともあれ、ユンガーが『母音頌』で行なおうとした試みは人間の秩序を超えた魔術的言語の秘密を母音と子音という音韻の世界に探ろうとしたものであった。そこにランボーの詩からの影響は明瞭である。

ランボーが世紀転換期のドイツの若者の心を深くとらえていたことを、やや簡略ながら書いてきたが、実際にランボーの詩がドイツ語訳されるのがゲオルゲによる訳詩集『同時代の詩人たち』（一九〇五年）やアンマー（カール・クランマーの筆名）による『ランボー詩集』（一九〇七年、ウィーン、ツヴァイクの序文入り）であったとしても、それ以前にフランス語で読んでいた若者や断片ながら雑誌で言及された「呪われた詩人たち」に関心を持った若者が少なからず存在していたことは容易に想像されることがらである。

一八八七年、ザルツブルクに生まれたゲオルク・トラークルも幼い頃からフランス語に親しんだひとりだった。途中に中断はあるものの、十四年間にわたってトラークルたちの養育にあたった保母兼家庭教師がアルザス生まれのフランス女性だったからだ。彼女から、トラークルはすでにギムナジウム入学以前にボードレールの詩やメーテルランクの作品になじんでいたという。先に記したようにトラークルはギムナジウムの生徒だった頃に、もういっぱしのボヘミアン気取りで麻薬煙草やクロロホルム麻酔にひたっていた。けれども、トラークルにあっての決定的なランボー体験は前に記したアンマーの訳詩集との出会いにあった。一九〇八年九月末、薬学の勉強にウィーン大学へ赴いたトラークルはこの訳詩集に生涯忘れえぬ決定的影響を受ける。

空っぽのボートがあって、夕暮れの黒い運河を流れてくる。
古ぼけて陰気な施設で生ける屍が腐ってゆき
公園の石垣のそばには死んだ孤児らが横たわっている。
灰色の部屋から天使らが現われ　その翼は汚物のしみだらけで
黄いろくなった瞼から蛆虫がこぼれ落ちる
教会のまえの広場は暗くしずまりかえってまるで幼い頃のようだ。
昔の日々が銀の靴をはいてそっと通りすぎ
地獄へ落とされた者らの影法師が　溜息をついて水の底へ沈んでしまう
白い魔術師がその墓のなかで蛇と遊んでいる。
「髑髏ガ丘（ゴルゴダ）」のうえで、神が金の眸（ひとみ）を静かに聞きたもう。

カール・クラウスに捧げられた『栄誦』の末尾である。一九一二年の秋に書かれた、トラークルにしては長い三十七行の詩だが、ここにはランボーの『少年時』の反響を読み取ることができると思う。トラークルの詩に頻出する色彩的イメージ、カトリック信仰に対するアンビヴァレントな心情、それに加えて文明の没落へのひそやかな惜別の念、これらはトラークルのランボー体験を抜きにしては考えられないものであろう。『滅び』を引用してみよう。

夕暮れの鐘がしずかに鳴りわたるとき

わたしは鳥たちの爽やかな飛翔を追う。
長い列となって敬虔な巡礼のように
そのすがたは秋の冴えた空の奥に消える

薄闇のせまる公園をさまよいつつ
鳥たちの明るいいのちを夢にえがき
わたしは殆んど時の移るのも知らない。
そうして雲をこえてその行方に沈んでゆく。

ふと　滅びの気配が胸にふるう。
葉の散りつくした枝でつぐみが啼く。
錆びた鉄格子に赤いぶどうの蔓がゆれて

蒼白い子供らの死の輪舞のように
暗い噴泉の朽ちてゆく縁（ふち）のあたり
風におののいて青く紫苑（しおん）がくずれ折れる。

昔から、トラークルの詩のなかで好きだった詩だ。この詩にもランボーの色彩感を見分けることはそれほど難しいことではないと思う。

一八八九年に生まれた哲学者ハイデガーは、トラークルの詩についてこう書いている。

薄明と夜、没落と死、迷える心とけもの、池と鉱石、鳥の飛翔と小舟、見知らぬ旅人と兄弟、精神と神、同様に青と緑、白と黒、赤と銀、黄金と暗黒といった色彩の言葉、これらはその都度常に幾重もの内容を語っているのである。

トラークルと同時代に青春を過ごしたハイデガーにも、やはりランボー体験はあったのかもしれない。それを考えるのは彼の哲学形成の基盤を探るのに必要な作業のひとつともいえるだろう。ただ、ここではその指摘のみに止めておく。

世紀転換期におけるドイツ文学にとって、ランボーの影響は無視しえぬものがあった。ここでは取り上げられなかったが、ハイムやベンなどの表現主義詩人にとって、ランボーは詩ばかりでなく、その後の生き方をも含めて、絶えず念頭にあったはずだし、ヘルマン・バールがモデルネを提起した時に脳裡に浮かんだ詩人たちのひとりにランボーがいたことも類推できる。さらに、第一次世界大戦中から戦後にかけてのダダの運動のなかで、ランボーの詩が果たした役割も少なくない。それはフーゴ・バルの『時代からの逃走』をひもといただけでも明瞭だろう。ダダによるランボーの評価はツァラを通じて、シュルレアリスムの運動へもたらされることになる。問題は詩ばかりではない。カンディンスキーの秘教的な抽象画への転換、クレーのチュニジア体験、これらのなかにランボーの木霊を聞き取ることも可能かもしれない。こうした課題を一応提示することで、今回の試論を終わらせることとしよう。

【文献】（引用順）

クラウス・マン『転回点――マン家の人々』小栗浩他訳、晶文社、一九八六年。

ゴーロ・マン『近代ドイツ史　2』上原和夫訳、みすず書房、一九七七年。

『ニーチェ全集』第12巻「遺された断想」（一八八一年春―八二年夏）三島憲一訳、白水社、一九八一年。

カール・マイ『砂漠への挑戦　1』戸叶勝也訳、エンデルレ書店、一九七七年。

エルンスト・ブロッホ『未知への痕跡』菅谷規矩雄訳、イザラ書房、一九六九年。

エルンスト・ユンガー『ヘリオーポリス　下』「世界幻想文学大系」第42巻B　田尻三千夫訳、国書刊行会、一九八六年。

エルンスト・ユンガー『言葉の秘密』菅谷規矩雄訳、法政大学出版局、一九六八年。

『トラークル全詩集』中村朝子訳、青土社、一九八三年。

『トラークル詩集』平井俊夫訳、筑摩書房、一九六七年。

マルティン・ハイデッガー『詩と言葉』「選集」第14巻　三木正之訳、理想社、一九六三年。

Georg Trakl, *Gedichte, Dramenfragment, Briefe*, hrg. Franz Fühmann, 1983, Wiesbaden.

Trakl, *von Otto Basil, rowohlts monographien*, 1965, Hamburg.

Ernst Jünger, *von Martin Meyer*, 1990, München.

グラックとエルンスト・ユンガー

ジュリアン・グラックの作品のなかで初めて読んだのは、『シルトの岸辺』(安藤元雄訳)だったように思う。集英社版『20世紀の文学』第26巻に、モーリス・ブランショの『アミナダブ』(清水徹訳)といっしょに収められていたこの小説は、とても不思議な印象を読む者に与えたことを、今でもはっきり覚えている。グラックが一九三八年にジョゼ・コルティ書店から『アルゴールの城』を刊行し、アンドレ・ブルトンが一九四二年にイエール大学で行なった講演で、この作品を絶賛したことはモーリス・ナドーの『シュールレアリスムの歴史』(稲田三吉他訳)で知っていた。ただ、図書館でやっと見つけた青柳端穂訳の『アルゴールの城』は、あまり鮮烈な読後感を残さなかったように記憶している。『アルゴールの城』のワーグナー的主題、すなわち《パルジファル》における救済のモティーフが十分に理解できるようになったのは、一九八五年に訳出された安藤元雄訳(白水社)を読んでからだった。

安藤元雄訳で『アルゴールの城』を読んでからも七年近くの歳月が経っている。この間、グラックの作品はまったく読んでいない。今回の特集のために、「グラックとドイツ文学」について書くように依頼されたとき、突然だったこともあって、幾分かの躊躇もあったのだが、かつてかなり真剣にグラックの作品を愛読した記憶がなつかしく思い出されてしまい、書く気になってしまった。そこで、以下において語られるグラックについての感想とそこに関連づけられるドイツ文学のいくつかの作品についての論点は、いずれも二昔以上も前のものであることを、あらかじめお断わりしておきたい。

ブルトンの『アルゴールの城』への賛辞とは別に、グラックの作品を読もうとした動機のひとつにジャン＝ルネ・ユグナンの『荒れた海辺』（荒木亨訳）を読んだことがあった。『テル・ケル』に参加しつつも、不慮の自動車事故により二十六歳の若さで夭折したユグナン。グラックはそのユグナンのリセでの歴史の先生だった。グラックが『テル・ケル』十二号に寄せたユグナンについての文章は実に印象的なものだった。そのなかで、グラックはランボーの「もう秋か」という『地獄の季節』の一節に言及しつつ、『荒れた海辺』について、こう書いている。

フランス文学の中にひとつの隠れた鋳型のようなものがあって（フロマンタンの『ドミニック』はそこから出てきたのである）、遥かな間隔を置いて、一般に短い、輪郭の単純な、調子の一貫した、価値の違いのきわめて大きい作品がそこで形づくられるように思われる。しかしこれらの作品すべてに共通しているのは、あたかも完全な水晶の響きとその割れ目の響きとが同時に震えるのを聞くとでもいうように、九月の透明さに筋目を破る隠れた凍み割れが一筋走っているところである。『荒れた海辺』はこれらの本のどれにも似てはいないが、忘れがたいこの音の響きを伝えてくれる。

「水晶の響き」そして「九月の透明さに筋目を破る隠れた凍み割れ」とは、何ともグラックらしい表現である。ここで語られている「凍み割れ」、さらに「水晶の響き」は「フランス文学の隠れた鋳型」とばかりはいえないだろう。グラックが『アルゴールの城』を刊行した前年に刊行され、一九四六年にジョゼ・コルティ書店で再版されたアルベール・ベガンの大著『ロマン的魂と夢』をひもとくならば、グラックの文学的創造の背後にドイツ・ロマン主義の大きな遺産があることに気づくことは容易である。

ベガンの著作はリヒテンベルクからホフマンまでのドイツ・ロマン主義の諸潮流を、フランスの文学潮流と引証させた点に大きな功績が認められる。セナンクール、ノディエ、ゲラン、プルースト、ネルヴァル、ユゴー、ボードレール、マラルメ、ランボー、こうした詩人や作家たちの仕事に、ドイツ・ロマン主義の夢想がどのような影をおとしているか、ベガンはねばり強くその分析を重ねていく。そして、最後に、これらのロマン派的神秘主義がシュールレアリスムへ受け継がれてきたことを力強く断言するのである。ベガンの書物は同僚でもあり親友でもあったマルセル・レイモンの『ボードレールからシュールレアリスムまで』(一九三三年)で記述された十九世紀半ばから今世紀までのフランス詩の道程を、ドイツ・ロマン主義との関わりの下で明瞭化させた画期的試みだった。グラックは評論集『偏愛の文学』(中島昭和訳)のなかで、バルザックを論ずるに際して、クルツィウスやジャルーとともにベガンの名前をあげているが、『ロマン的魂と夢』がグラックに大きな影響を与えたことは間違いない。

さて、この『偏愛の文学』にはグラックの文学的エッセイがいくつか収められているので、彼の文学的な好みを知るには大変便利な書物だ。その本のなかに、「エルンスト・ユンガーの象徴性」と題された一文がある。この文章を手がかりにして、しばらくグラックとユンガーについて考えていくことにしたい。

一九五九年のラジオ放送原稿を土台にしたこのユンガー論は、聞き取りやすさを意識したためか、グラックの文章としては読みやすい。エルンスト・ユンガーのおい立ちについては、本誌（「現代詩手帖」）の特集号『ランボー一〇一年』に書いた（「ランボーと世紀転換期のドイツ」）ので、ここでは略する。グラックは「エルンスト・ユンガーの象徴性」で、まずユンガーの「ある日ある時、剣を僧院の壁に掛けてしまう」、中世の戦士のような活動に注目する。第一次世界大戦の軍功でドイツ国防軍最高の勲章を授与されたユンガーは、武器を壁に吊して軍務から身を引くと、ノルウェー、シチリア、ブラジル、ロードス島などへ旅をして、ゲーテのように植物や動物の形態学的研究にいそしむ。グラックはこの軍務から自然研究への転換を、「剣を僧院の壁に掛ける」と形容する。そして、軍務と自然研究という、まるでまったく関連のないような二つの活動の幻影が一九三九年九月（第二次世界大戦の勃発）という発表日付をもつユンガーの小説『大理石の断崖の上で』を「強力なプリズムを通すようにして」色づけているとグラックは指摘する。ドイツ国内でのナチ支配への批判を意図した作品として知られるこの小説を、グラックはそのように読もうとはしない。むしろ、「そこにおける寓喩は謎めいた形で、ひとつの鏡をとおすようにしてしか読みとれないという条件をつけた上で寓意的作品」と位置づけて、この小説の独創性を把握するためには紋章学の知識を動員する必要があると語る。そして、紋章学的知見によりつつ、『大理石の断崖の上で』の舞台を次のように要約する。

三つの広大な地方がちょうど楯形紋地の区画のように、たがいに境界を接して一望のもとにおさめられるようにしてあります。マリーナ地方はぶどうの栽培地、陽光豊かなイタリアとも言うべきところで、手の行き届いた耕作地が広がっている。カンパーニャ地方はいくつも広大な牧草地の土地、自由な生活の土地、牧人や古い封建的栄誉の残る国です。次いでその後背地として、森の頭領に支配される果て知れぬ森林地帯がある。

語り手であり主人公である私は、弟とともにマリーナ地方を一望の下に見おろす大理石の崖の上の、芸香（ヘンルウタ）の茂る岩屋の庵に住み、植物の研究に従事している。しかし、大森林から、次第に恐怖が忍びこんでくる。森の頭領がマリーナを侵略する機会をうかがっているのだ。頭領配下の徒党は、まず牧草地を侵し、遂にマリーナを攻撃する。主人公と弟は銃火で応戦した後、生き残った人たちと海のかなたのアルタ＝ブラータの山岳地帯にいる自由民のところへ避難する。結末近くの主人公たちが船に乗りこむ場面は、『大理石の断崖の上で』では次のように描かれている。

まだ水は朝の冷気のうちに横たわっていた。そして渦巻が、緑のガラスのようなその水の鏡面に条痕をつけていた。けれどもすでに太陽は、雪の山脈の尖った頂きの上方へのぼり、そして大理石の断崖が、低地の靄のなかから、まばゆいばかり燦然と浮かびあがった。私たちはその断崖の方をふりかえってみた。それから、あたかも影が水の深みへおし入ってゆくかのように、太陽の光を浴びて青く変じてゆく水に、かるく両手をひたした。

こうした描写でも明瞭なように、この小説は戦争と革命の時代、グラックが「西欧ヒューマニズム文明に対する野蛮の揺れもどしの時代」と名づけている「われわれの時代」を素材にした小説ではある。しかし、その小説世界は極少の細部まで芸術化されているために、時代の体験から屹立する美的ミクロコスモスを形づくっているとグラックは説く。つまり、グラックはこの作品が「ただ単に存在するだけ、むしろ現実のほうこそ作品に訊ねるべき」意向をもつほど強固な統一性をもっているという。こう考えるとき、グラックはこの『大理石の断崖の上で』がマラルメの言葉「世界はひとつの立派な書物に到達するためにある」を思いおこさせてくれると論定する。つまり、「大きな激動の時代に掘り返された大地のあの凹凸が、ここでは明快な稜と安定感と完璧な透明さを帯びた冷たい水晶体にまで到達しています。そしてこの水晶体を通して、あたかも体温計をでも見るように、人々は潜在する危険な病患の熱度を読みとる」と、グラックは結論づけている。

やや、グラックのユンガー論に焦点をあて過ぎたかもしれないが、ここでユンガーについてグラックが論定した小説作法は、そのままグラック自身のものなのである。『シルトの岸辺』を読んだとき、ちょうど同時期に『大理石の断崖の上で』（相良守峯訳）を読んだ私にとって、この二つの作品はライン河という鏡をはさんで対称的に存在する、うり二つの作品のように感じられたのだ。『シルトの岸辺』について語る前に、もうひとつ、ユンガーの作品について触れておきたい。その作品とは、ユンガーの未来世界を描いた長篇小説である『ヘリオーポリス』（田尻三千夫訳）のことだ。当局よりの出版禁止が解けた一九四九年に、日記『放射』とともに刊行された未来小説『ヘリオーポリス』は不思議な魅力をたたえた作品である。この作品全体について紹介するためのスペースは今ないが、冒頭のところをとりあえず論じてみたい。

主人公のデ・ヘール司令官ルーチウスが海に面した都市ヘリオーポリスへ入港しようとするところから物語は始まる。「青い通報艦」の朝食ホールで航海最後の食事を摂るルーチウスの向かいには鉱山監督官がいる。ルーチウスと鉱山監督官とは、ニグロモンターヌスという名の尊師の弟子だった。

地中海とおぼしきヘリオーポリス沖の海を眺めつつ、鉱山監督官は「ここだとホメーロスが葡萄の黒みを帯びた海といった気分が分かるじゃないか」と問いかける。ルーチウスはこの問いかけを「海が一番美しい色を見せてくれるのが異質なものが加わるときだけなのは――つまり海岸沿いとか洞穴の中とか、あるいは船の航跡や海棲動物が進んだあととかに見られるだけなのは――どうしてでしょうか」と、再度問いの形にして鉱山監督官へ訊ねかける。監督官はルーチウスが尊師ニグロモンターヌスの愛弟子だったことを確かめた上で、「師の色彩論には確か白の島が有色の縁どりに及ぼす影響・効果についての一節があるのでは」と、ルーチウスに尊師の教えを思い出させようとする。ルーチウスは応える。「記憶が正しければ、師はこの影響を持論である白の王権と関連づけられました。白は王が貴族に位階と意味を賦与するのと同様に、白の側近くでパレットの意味が高められます。白はあらゆる色彩の戯れに基礎づけを与えます、絵画においても。真珠が貴重なのはこの真理を具体的に示しているからです」と。明らかに、ここで問題とされているのはゲーテの色彩論である。ゲーテは光線をプリズムで七色に分解するのではなく、眼をプリズムにあて、白い壁面を見た。その壁面が完璧に白の場合はプリズムを通しても壁は白く見える。ただ、壁にしみや汚点があるとき、その縁はさまざまな色どりをもって見えてくる。これがニュートン光学に反対したゲーテの色彩論の出発点であった。「眼は形態を見るのではない。もっぱら明暗あるいは色彩がうかびあがらせるものを見る。明暗と色彩の濃淡を感じとる繊細きわまりない感情、それが絵画の母胎である」（高橋義人他訳）。このようにゲーテは書きとめている。ルーチウスと鉱山監督官の対話は、そこから鉱物の結晶の話に移っていく。ルーチウスは師が試掘行の際に切断面の形象を好んで例証としてもちだしたことを想起しつつ、「私たちの眼にあらわれるような宇宙は、可能な無数の切断面のひとつをあらわしているにすぎない。世界はいわば一冊の書物であり、その無数のページのうち私たちは開かれているたった一ページをしか見ていないのだ」という師の言葉を語る。ここで、クルツィウスの『ヨーロッパ文学とラテン中世』のなかの「象徴としての書物」を思いおこすことも必要かもしれない。ただ、ここでは暗示だけに止めておこう。この後、監督官がコーカサス山脈を調査し、ラザフォードが地図の上に夢想の塔（トウレス・ソムニオールム）と呼んだ噴火口（クレーター）群を見た時の言葉が実に印象的である。

> 周囲は香りと音響のない、気象変化のない砂漠だ。砂丘と島の背の金色に、空色の影が貼りつく。絶壁と暗礁が水晶の輝きを放ってきらめく。空はこの光の氾濫の上に、こよなく繊細で、皺ひとつない、飽くまで黒い絹の天幕として張り渡されている。荒涼とした砂の盆地の縁からは夢想の塔が七つの険しい峯をもって威嚇するのだが、それは火山というよりは古代エジプト宮殿の塔あるいはオベリスクに似ていた。

『ヘリオーポリス』の世界はグラックの文学世界と共有するものを数多くもっている。ユンガーは、あるインタビューで、シュルレアリスムから魔的リアリスムへ、自分の表現が変わっていったことを明言している。シュルレアリスムは、幻影や魔術、幻術や妖術、そして夢想や狂気に関心を向け、創造の情熱をそこから数多く汲み取った。ユンガーの『ヘリオーポリス』にも、そうした魔的シュルレアリスムの残響とでもいうべきものが明らかに揺曳しているように感じられる。

最後に、グラックの長篇小説『シルトの岸辺』（一九五一年）について考えてみよう。シルト（le Syrtes）とは、訳者によれば、「潮の流れとともに移動して浅瀬を作り、船にとっては危険きわまりなかった、沼岸の流砂をさす言葉である」。地中海にあるシルト海をのぞむ古い商業都市国家オルセンナは対岸のファルゲスタンと敵対状態にある。ただ、衰微しつつある二つの都市国家は、ともに「沈滞してしまうと、武器をとって戦いつづける意志がなくなると同時に、法的に戦争を終結させようという気も起こらなくな」っている。主人公のアルドーは、わずか数隻の海防艦しか所有していないシルト海軍の士官だ。都市オルセンナは、いま、滅亡寸前のデカダンスの状態にある。アルドーはこの地で指折りの資産家だった父をもつヴァネッサと知り合い、夜の逢いびきを重ねるようになる。夜、ヴァネッサと会うために都市を歩きまわるアルドーの眼に映じたオルセンナはどのような都市だったのだろうか。

疲労の色をかくしきれないこの時刻には、何かいかがわしい傷ついたものがオルセンナの街路に漂っている。いってみれば下町の家並みをひたしている腐れ水が引き潮にすっかりしりぞいて、家並みを支える杭の、どろりとした、悪性の熱病にむしばまれた木組みの列をあらわにするようなぐあいであり、わたしはそのぶくぶくと発酵する深みへ嬉々としてもぐりこむ。

ここまでは衰微しきった都市の有様が端的に物語られているのだが、この後、一転して破滅への予感がアルドーの胸の裡を走り抜けていく。そこの心象風景はそれまでの衰微の描写とややトーンを違えてモノローグされている。

不意に本能的に、予言者の目に映るまぼろしのように、わたしはまざまざと見るのだ、崩壊に瀕したひとつの都市の姿、沼の表面に浮く腐った薄皮が重すぎる足に踏まれて一度にどっと沈みこむさまを。

ここでは、まだ「この都はもう寿命が尽きた、いよいよ最後の時がきた」という警告として、アルドーには予感されているに過ぎないが、衰微の情景描写と滅亡への予感がまるでカレイドスコープを見るように連続して叙述されていくことに注目すべきであろう。集英社版の『20世紀の文学』の解説(清水徹)で触れられているように、破滅に瀕したオルセンナにいながら、アルドーはそのデカダンスから一歩距離を置いている。そして、語り手が描き出す『シルトの岸辺』の世界は、醒めたアルドーのまなざしと一致している。それを端的に示しているのが、「巡航」の一節である。

こうやって記憶に導かれるままに——打ち亡ぼされてあかあかと炎上する祖国の、あの瞼に焼きついた悪夢をしばらくは忘れて——この不眠の一夜、すべてが停止状態におちいってしまったこの一夜を思いだすと、今もなお、……

これは明らかに語り手自身の感懐である。「海図室」で対岸のファルゲスタンの地を地図の上で確かめてからというもの、アルドーは、どうしても幻の土地を自分の眼で確かめたくなっていた。そして、あらしの日、オルセンナとファルゲスタンの国境を侵犯するという、こばみがたい誘惑を実現してしまう。このことがきっかけとなり、故国は戦火に包まれる。『シルトの岸辺』は、清水徹氏の解説でも明言されていることだが、プルーストの『失われた時を求めて』と同じ物語の構造をもっている。この作品はオルセンナとファルゲスタンの宿命的な対決が戦火として実現してしまった後で、生き残ったアルドーの視点から想起されつつ書かれている。物語のそこかしこで、読み手とアルドーとの内的な親和性はほのめかされてはいるが、読者は『シルトの岸辺』を読みおえることによって、語り手とアルドーの関係について、ある納得をもつに違いない。

グラックとユンガー、このフランスとドイツの、必ずしも文学の主流ではない作家がたがいにどれだけの影響関係をもっていたか、そんなことはどうでもいい。一九六〇年代末の激動の時代に、シュルレアリスムを介して、二人の作品をほぼ同時に読めたという文学的体験が、私にとっては重要なことだった。

たとえば、片山敏彦の例をみれば分かるように、かつての日本で、ドイツ文学とフランス文学の間にマジノ線はなかったと思う。しかし、いま、二つの文学の間にはグラックが『森のバルコニー』（安斎千秋訳）で描いているようなアルデンヌの森以上の密林があるらしい。しかも、前人未踏の断崖もあるようで、ナンシーやラクー＝ラバルトとイーザーやヤウスはなかなか出会えないとも聞く。とはいうものの、これはあくまでも、この国でのことなのだが……。

今は昔、四半世紀も前の文学的体験を記述しながら、私はある既視感にとらわれつつあるような気がしないでもない。グラックの作品を読む魅惑は、何よりもそうした既視感をつむぎだすところにあった。そして、彼はフランスの文学者らしい分別のある文体で、ドイツ・ロマン主義のもつ、逃れがたき深淵を語るおぞましさに一定の距離を置きつつ、しかもそのセーレンの歌に聴きいる能力が自らにあったことをそっと教えてくれる作家だった。それは決して、なやましい形によってではなく、あくまでも典雅なスタイルで……。グラックはゴティック・ロマンにしても、自国フランスでの身の廻りのさわがしい当今の文学情勢論議に対してもそうだった。「夏の終り」、それはユグナンがいうように、リセの歴史の教師であったグラックが自分の作品のページをあわただしく閉じる季節でもある。次の年のヴァカンスまで……。

ワーグナーと反ユダヤ主義の今日的意味

今年（一九八五年）のボン・サミットにはきわめて印象深い行事が組まれていた。レーガン大統領のサミット出席に合わせて、大統領自身が西ドイツのビットブルク軍人墓地を訪問したことである。この墓地は、敗戦間近いナチ・ドイツが行なった「アルデンヌ攻撃」で戦没した旧ドイツ軍将兵約二千人が眠っている。しかし、この墓地には彼らとともに、ナチの親衛隊員四八名が葬られていたことが、大統領の弔問を批判の矢面にさらした。西ドイツ国内はもとより、ヨーロッパ各地、アメリカでも、ナチのホロコーストを忘れていない人々がいっせいに大統領の弔問を批判した。事実経過は新聞報道などでご存知のように、大統領の弔問強行で幕を閉じたが、この一連の経過には見逃すことのできない重要なことがあるように私には思われた。直接的には、ナチのホロコーストという戦争犯罪が四〇年という時を距てて、ヨーロッパではいまだ癒しえない傷痕を現に存在させていることだが、よりこの問題をマクロな立場で見るならば、反ユダヤ主義の問題が当然浮かび上がってくる。この反ユダヤ主義という問題ほど、日本人にとって理解困難な概念はないだろう。けれども、この反ユダヤ主義の問題を避けて通ることによっては、十九世紀後半から現在に至るヨーロッパの精神史はまったく理解できなくなることも事実なのだ。

『年刊ワーグナー一九八四年』に収録された三光長治氏の「文献紹介」に続ける意味で、クラウス・メッガーとライナー・リーンの作曲家コンビによる『ムジーク・コンツェプテ』第五号「芸術家はどの程度反ユダヤであることが許されるか[1]」を中心とし、それを補足するための文献を紹介しながら、ワーグナーと反ユダヤ主義、とくにそのナチズムとの関連を考えてみることにしよう。

『ムジーク・コンツェプテ』は、多くの作家論集を刊行している edition text＋kritik の音楽家に関する姉妹論集で、バッハから後期ロマン派に至る多くの音楽家を扱っているが、とくにシェーンベルクやベルク、ヴァレーズ、サティ、ケージ、シュトックハウゼン、ノーノなど二十世紀の音楽家論集が多く刊行されているのが特色である。ワーグナーに関しても、この他に《パルジファル》の論集が出ている。

第五号に収録されている論文は、カール・リヒターの「拒絶と否認――リヒャルト・ワーグナーの作品と意識からのハインリヒ・ハイネの排除」、ピーター・ヴィーレックの「ヒトラーとリヒャルト・ワーグナー――国家社会主義の起源」、トーマス・マンの「ワーグナーの弁護――『コモン・センス』の編集者への手紙」、クラウス＝ウヴェ・フィッシャーの「ワーグナーからヒトラーへ――ルートヴィヒ・マルクーゼによるテーゼの同意もしくは拒否」、ヴォルフ・ローゼンベルクの「ヤヌス精神についての試論」、ミシェル＝フランセーズ・デメの「コジマ・ワーグナー――神話を創作した女性」、ハルトムート・ツェリンスキーの「リヒャルト・ワーグナーによる〈火の治療〉あるいは〈壊滅〉による〈救済〉の〈新しい宗教〉」、これら七篇で、これに編集者であるメッガーとリーンがハンス・マイヤーと対談した「正、不正、二者択一に関する議論」と一八四九年のドレスデン革命時代のワーグナーのフリードリヒ・アウグスト二世に宛てた未発表の手紙一篇が収められている。

日本でも、『ロマン派からヒトラーへ』が訳出されている[2]ヴィーレックの論文は、もともとアメリカの雑誌『コモン・センス』一九三九年十一月、十二月号に載せられた文章で、トーマス・マンの論文は翌年一月号にこのヴィーレック論文への応答として書かれたものだ[3]。一九三九年という、第二次世界大戦の真只中に書かれたヴィーレックの論文は、戦時という時代的制約をあまり感じさせないほど、ワーグナーの作品に内在する二面性を掘り下げている。彼はアメリカのワーグナー音楽愛好家に向かって、ワーグナーとヒトラーというまったく不可解なドイツ的問題の広がりを明確化した。彼が問題にしようとしたワーグナーのメタポリティクスは、ナポレオン時代のドイツ・ロマン主義を回顧させるものであると同時に、工業化の下でのドイツ民衆の悲惨を先取りしたものであり、そこには十九世紀ドイツ・ロマン主義の偉大な総括が存在するわけだが、まさにこの点にヒトラーへ繋がるドイツ民族の民族共同体創出の使命が見出される。もとより、こうした意識はワーグナー自身においてそれほど明確ではなかったが、ワーグナー没後、『人種不平等論』の著者ゴビノーやワーグナーの女婿チェンバレンがコジマを中心にしてバイロイト・サークルを形づくり、反ユダヤ色を強めるなかではっきりしてくる。このバイロイト・サークルにはミュンヘンのボヘミアン詩人だったディートリヒ・エッカルトや『二十世紀の神話』でナチ公認のイデオローグとなったアルフレート・ローゼンベルクが出入りし、一九二三年にはエッカルトがヒトラーをバイロイトへ連れてゆく。

ヴィーレックの論文は、ワーグナーのなかに存在したロマン主義的反動と反ユダヤ主義の主張が二、人の外国人の手によってヒトラーへどのように手渡されていったかを明らかにしている。これに対するトーマス・マンの応答はきわめて苦しげだ。彼はワーグナーの問題の多い文章のなかにヴィーレックの指摘するナチズムの要素が存在することを認めつつも、「より高い次元で」ワーグナーの音楽に含まれる、音楽作品が自己に与える感動を拒みえないことを告白する。マンにとって、善きドイツと悪しきドイツという二つのドイツが存在しない以上、狂気に駆り立てられたひとつのドイツは打倒されねばならない。ドイツに自由をもたらすためにはドイツと戦わねばならない。後に書き上げられた『ファウストゥス博士』のなかの語り手ツァイトブロームの苦しげな息使いを彷彿とさせるような文章だ。

フィッシャーとローゼンベルクの論文も、ヴィーレックの所論の延長上にあるといってよい。フィッシャーは、一九三八年に書かれたが、一九六三年まで公刊されなかったルートヴィヒ・マルクーゼの「リヒャルト・ワーグナー、特別の意味をもった一人の男とひとつの民族」について言及しながら、マルクーゼがワーグナーにヒトラーの国家社会主義イデオロギーの前兆を見出していることを、トーマス・マンの「リヒャルト・ワーグナーと《ニーベルングの指環》」（一九三七年十一月）と先に触れた「ワーグナーの弁護」と対比しつつ明らかにしている。この論文が一九七六年のバイロイト祝祭劇場創立一〇〇周年に際して書かれたものであるだけに、戦後バイロイトの国際化、脱イデオロギー化が一応の成功を収めたかに思われた時点で、あえて「ワーグナーとヒトラー」問題の存在を浮かび上がらせようとした、フィッシャーの意図は明瞭である。彼もまた、ワーグナー死後のワーグナー・サークルについて触れ、チェンバレンの役割に注目している。

ローゼンベルクの論文はその題名の通り、ワーグナーにおけるヤヌス的な精神のあり方を探ったものである。青年ドイツ派の渦中にあって、フォイエルバッハの影響を受けて、バクーニンとともにドレスデン蜂起を指導した革命家ワーグナー、失意の亡命者としてショーペンハウアーに自己と同質の思想を発見し、ルートヴィヒ二世に王たる者の役割を説き、ビスマルクにドイツ帝国皇帝のバイロイト来臨を懇望する後期のワーグナー、ここに見出される両極性の存在を、ローゼンベルクは認めるが、彼の議論はワーグナー自身の生涯を劇作家としての一貫性として把える点が眼目になっている。そのため、ワーグナーの反ユダヤ主義が、一方では彼自身の出生の疑惑、自分がもしかすると義父ガイアーの息子かもしれないという疑念に基づく自己の内なるユダヤ性との対決、他方十九世紀の革命家が多かれ少なかれ持っていたユダヤ人問題への認識が一八四八年の革命の失敗以後、次第に資本主義の権化としてのユダヤ系資本家への反発から反ユダヤ主義に傾斜してゆく趨勢、この二つに由来すると立論されるのだが、一応納得できる意見であるがいまひとつ迫力に乏しいように思えてならない。ワーグナー自身が、もしローゼンベルクの言う通り、その晩年に至るまで、ワーグナー独自の共産主義的ユートピアへの夢想を抱き続けていた革命家であったとしても、それだけではゴビノーの『人種不平等論』に感激し、反ユダヤ主義的言辞に満ちた文章を書いた事実を、精神分析の投写理論と十九世紀後半の思想状況によって説明づけられうるとは到底考えられない。この『ムジーク・コンツェプテ』の末尾のツェリンスキーの論文に見られるような、ワーグナー自身の思惟そのもののなかに反ユダヤ主義思想が明白に内在していたという視点に反駁したことにはならないように思う。ツェリンスキーの論文は、彼の著書『リヒャルト・ワーグナー――ひとつのドイツ的テーマ』とも関連するもので、ワーグナーの反ユダヤ主義的言説の徹底的解明から、巨匠没後のバイロイト、ヒトラーのバイロイト訪問の経緯までを詳細に跡づけた大論文で、そのパセティクな告発ぶりは、三光氏が書いている(4)ように鬼検事の執念を思わせるものがある。ツェリンスキーの所論に関しては、著書の内容とも関連させて、いずれ機会を改めて検討することにしたい。

さて、次にこの雑誌のメインである、ハンス・マイヤーとメッガー、リーン両者の対談について紹介してみよう。主としてメッガーとマイヤーのやりとりで行なわれるこの対談は、文字を通してさえも、その白熱した内容は驚嘆に値する。最終的に相互の立場は相容れないわけだが、そこに展開される議論はまさしく今日のワーグナー問題の根本に存するアポリアを明らかにしているように思う。

マイヤーがワーグナーをあくまで十九世紀における歴史的存在として考えるのに対して、メッガーはワーグナーの現代との関わりを問題とする。この両者において、反ユダヤ主義がワーグナーのなかでどのような役割を担ったかは、まったく対立する。マイヤーにしてみれば、一八四八年以降のヨーロッパに蔓延した反ユダヤ感情は資本主義の発展と見合うもので、ワーグナーばかりに見られるものではない。ヘーベルにしても、フォンターネにしても多少は共通した反ユダヤ感情を持っていた。トーマス・マンにしても、「ケルやトゥホルスキーのようなユダヤ人」などという言辞が一九三三年の段階で見られるし、ハインリヒ・マンさえも全生涯を通じて反ユダヤ主義の要素を持っていた。ユダヤ人であるオットー・ヴァイニンガーは『性と性格』のなかで、ユダヤ人が《パルジファル》という作品の深みを何ひとつ把握しえないと指摘する、こうしたユダヤ人が同じユダヤ人に対してその能力の欠陥を断罪することこそ、反ユダヤ主義の根深さを物語る以外の何ものでもない。こうしたマイヤーの見解に対して、メッガーはエズラ・パウンドのイタリア・ファシズムへの加担、その時に弄される反ユダヤ的言辞を引用しつつ、ワーグナーのなかにも、パウンドと同質な精神がありえたはずで、もしワーグナーが第三帝国のごとき状況に直面していたなら、反ユダヤ主義に加担していたかもしれない、と執拗に食い下がるが、マイヤーはワーグナーの生きた時代はファシズムの時代ではないときっぱり切り返してしまう。

マイヤーにとって、ワーグナーはワルハラの神殿を火で破壊することにより、帝国主義の超克を試みたと解され、このような否定性こそが彼に内在するユートピアへの志向、「希望の原理」であり、この点でマイヤーはワーグナーの作品における肯定的契機を見出すのである。この点にマイヤーの歴史主義的な規範性への信頼、ワーグナーをドイツ・ロマン主義の最終的継承者と見なす考えが強固に存在していることは疑いえない。シュトゥルム・ウント・ドランクの申し子レンツがドイツ・ロマン主義の運動のなかで存命していたなら……、マイヤーにとって、ワーグナーを二者択一の下に置く仮定はすべてこのような予想不可能な問いを立てるのと同じことなのだ。音楽史的にメッガーがワーグナーとリストを同時代の音楽家として比較し、リストのロ短調ピアノ・ソナタの形式の方がワーグナーのどの作品にもまして、ウィーン新音楽派の音列技法に直結する斬新さを持っていると指摘したとしても、マイヤーはリストの交響詩にワーグナーと似た管弦楽の色彩を認めつつも、リストにおいてそれは音楽の問題であり、ワーグナーにあっては音楽のみならず芸術全体にわたる革命性の問題であるとして、《ヴォツェック》初演の頃に逢ったベルクの言葉を紹介する。当時、学生であったマイヤーはポスト表現主義の影響下にあり、ベルクの前でワーグナーをさんざんこき下ろしたが、ベルクは

「あなたはそう語ることができるだろう、まさに音楽家じゃないからね」と言った。マイヤーにとってみれば、ワーグナー抜きに《ファルスタッフ》も、《ペレアスとメリザンド》も、若きシェーンベルクも存在しえないのである。

こうしたマイヤーのワーグナーに関する二者択一を排除しようとする歴史主義的主張が、第三帝国下のリヒャルト・シュトラウスに対する弾劾にもなることは興味深い。ホーフマンスタールやツヴァイクなどと仕事をともにしたシュトラウスが反ユダヤ主義者だったとは思えないとマイヤーは推測するが、彼が第三帝国下にあって非倫理的な日和見主義者であった歴史的事実がマイヤーにしてみれば許せないのだ。それゆえ、イスラエルでワーグナーとリヒャルト・シュトラウスの作品が演奏されないとしても、その理由はマイヤーにしてみれば相異することになる。シュトラウスは日和見主義の立場で第三帝国に加担した事実が存在するのに対して、ワーグナーの場合はその作品を作為的に利用しようとし、かつその利用の仕方を認めた多くの聴衆が存在したことの方に問題があるとマイヤーは考える。この点で、マイヤーはヴィーラント演出で始まる戦後バイロイトを評価する。アッピア演出を認めない彼としては当然だろう。リーンが最後に出てきて、イタリアの音楽学者の言を引きながら、十九世紀のイタリア・オペラが現に持つ大衆を集合的なものと自己同一化させる影響力、これがワーグナーの場合はオペラを通じての英雄待望として第三帝国下に機能したのではないか、と問うのに対して、マイヤーはきっぱりと、そうした問いかけはニーチェの反問以上の内実を持つものではないと否定する。ル・ボンやオルテガの提起した大衆の問題と同じく新しい問題ではない、と。

メッガーとリーンの問いかけはマイヤーのワーグナーに関する信念を動かすには至っていない。マイヤーの強固な立場である、ワーグナーを十九世紀ドイツ・ロマン主義における最大の総合と見なす立脚点には、ニーチェとその追随者の反ワーグナー的言説としての、「ワーグナーか、……か」という二者択一はすべて含みこまれているようだ。そして、この確信は、マイヤー自身のワイマール共和政期の音楽体験に拠っていることは無視すべきではないだろう。ワルター、クレンペラー、クライバー、シェルヘンといった著名な指揮者がワーグナーの作品を指揮しつづけた事実をマイヤーは強調する。ウィニフレットに支配された、狭いバイロイトのサークルのみがワーグナーの聖杯を護持するモンサルヴァートの城塞ではない、こんなふうにマイヤーは考えているように私には思えた。

とはいうものの、マイヤーの立場もまた、ひとつの考え方なのだ。最後に、エディション・モナートから公刊されている『第三帝国下のバイロイト』と題するドキュメント(5)を紹介しておこう。このベルント・W・ヴェスリンクの編集したドキュメントは、ワーグナー自身の「音楽におけるユダヤ性」や「ドイツ人とは何か」という論文を筆頭に、ヴォルツォーゲン、チェンバレンなどばかりでなく、ウォルター・レッグやシュトッケンシュミット、ヴェステルンハーゲンの言説までもが集められている。そして、ナチスの制服に身を包んだ、一九二三年の初めてバイロイトを訪問した頃の凜々しい(?)ヒトラーの写真まで添えられている。かつて、ハイデガーのナチ入党前後の新聞記事を網羅したシュネーベルガーの『ハイデガー拾遺』を初めて見た時もびっくりしたが、私にとってこの本はシュネーベルガーのそれと同じぐらい驚かされた本である。この本のなかには、明らかに第三帝国下の音楽としてのワーグナー音楽についてのディスクールが存在している。そのディスクールがバイロイトで歴史上実在していた事実を白日の下に晒しているのだ。たとえ、マイヤーがこうしたワグネリアンの存在から、ワーグナー自身の音楽、ワーグナー自身の生涯を救い出そうとしても、そうした試みとは別にもうひとつのワーグナー観が存立していたことをこの本は物語っている。

ワーグナー音楽の持つ多義性、反ユダヤ主義に関するワーグナーの評価自体がまったく相反する主張によって包まれていること、この事態がここで紹介したことからも容易に理解できるだろう。むしろ、私がここで問題としたいのは戦後バイロイトの脱ナチ化が、ヴィーラント、ヴォルフガングによって演出上でも明白に意図されたこと、この結果としてバイロイトの国際化がいっそう強められたことである。シェローやホールなど、外国人演出家の起用もそうした意図の一部であろう。しかし、こうした試み自体をまったく認めない反バイロイト派が西ドイツには厳然として存在していることに私は注意を促しておきたいと思う。国家社会主義へ流れこむ源泉のひとつとして、ワーグナーの音楽と彼の反ユダヤ的言辞を引き合いに出す人々の存在を私たちは無視してはならないように思う。

ワーグナーと反ユダヤ主義の問題は、たんに一人の十九世紀音楽家の人種理論的ディスクールという特殊な問題ではない。そこには、十九世紀初頭から一八四九年に至るドイツ・ブルジョア革命の挫折、プロイセンの立憲君主帝国の出現、この間の激動を体験した音楽家の複雑な思想が投影されている。そして、反ユダヤ主義は二十世紀に至ってホロコーストとして実現してしまった。アドルノとホルクハイマーによる『啓蒙の弁証法』のなかのオデュッセウスの帰還を想い起こすことが必要であろう。魔術から解放された理性が困難な航海のすえに辿り着いたイタケー島、そこはホロコーストの場であったというアレゴリーには重大な意味があるはずである。神話から脱出したはずの理性の直面した究極の場が神話的残虐さの再生であったというイロニーは、今日のワーグナーをめぐる相反する立場の基盤に根深く浸透しているように思える。

これからのワーグナー研究は、ひとつにはマイヤーの示唆するように、十九世紀の革命と反革命のなかでのユダヤ人問題をめぐる問題の整理、そして革命家ワーグナーの背後にワイマール期の古典主義の存在を考慮に入れることも重要なテーマとなってくるに違いない。ドイツにおける啓蒙主義自体の問題が、ワーグナーの作品成立の前史として考えられねばならないからだ。また同時に、反ユダヤ主義を十九世紀後半の思潮のなかで多面的に解明する必要があろう。ローゼンベルクの『二十世紀の神話』に見られるような折衷主義的デマゴギーは、一朝一夕には成立しえないものだろうし、たとえそれを天才的着想と見なすにせよ、それではあれだけの影響を及ぼしえた事実の説明にはなりえないと思えるからだ。

ワーグナーをめぐる問題は、見方を変えれば現代の問題である。かつて、十九世紀末にあらゆる局面でワグネリズムが猛威を振るったように、今世紀末にも新しいワグネリズムの神話が再生するのかもしれない。これは推測ではなく、たしかな予感としてある。そのいくつかは徴候として存在しつつあるように私には思えるのだが……。

【注】

（1） Musik-Konzepte 5, Richard Wagner, Wie antisemitisch darf ein Künstler sein? Herausgegeben von Heinz-Klaus Metzger und Rainer Riehn, edition text + kritik, 1981.

（2）ピーター・ヴィーレック、西城信訳『ロマン派からヒトラーへ』紀伊國屋書店、一九七三年。

（3）ヴィーレックとトーマス・マンの文章は下記の書物に訳出されている。トーマス・マン、小塚敏夫訳『ワーグナーと現代』みすず書房、一九七一年。

（4）三光長治「最近のワーグナー文献をめぐって」、『ユリイカ』一九八三年八月号。

（5）*Bayreuth im Dritten Reich,* Herausgeben von Berndt W. Wessling, Edition Monat 1983.

【付記】　この文章を書くにあたって貴重な助言をしてくださり、文献を借与してくださった三光長治氏へ感謝します。

政治化されたワーグナー神話

わたしの営みの全体は、ひとつのパラドクスに根ざしており、そのパラドクスは、わたしには深く怖るべきものにみえる。二十世紀の大きな野蛮行為、つまり強制収容所・核兵器の使用・幾百万という人間にたいする政治的抑圧——これらの現象が、高度の文明をもつところの社会から躍りでてきたというパラドクスである。ゲーテの世界もアウシュヴィッツを阻む力はなかった。(1)

G・スタイナーが日本語版の『言語と沈黙』に寄せた序文の一節だが、今回、『年刊ワーグナー一九八五年』に発表した「ワーグナーと反ユダヤ主義の今日的意味」を補う意味で、ツェリンスキーの主張する「ワーグナーの思想に内在した反ユダヤ主義思想」について書こうと考えていたところ、突然この言葉が思い出されてきた。

明らかに、スタイナーはアドルノの思惟を踏まえて、この言葉を記したに違いない。ただ、最後の「ゲーテの世界もアウシュヴィッツを阻む力はなかった」という言葉は重い。では、ワーグナーは……という地点から、おそらく大審官ツェリンスキーの反ユダヤ主義者ワーグナーに対する告発が始まる。

広島とアウシュヴィッツという傷痕を遺してしまった二十世紀は、来たるべき二十一世紀に対して何を残せばよいのか。あと一四年しかない今世紀に生きている私にとって、その問題はまったく考えたくもないディレンマと化している。アウシュヴィッツも広島も、当事者が語ればよい。そのような暴力的言辞がその記憶の風化とともに生じているのではないか。私はこのような怠惰な精神を嫌う。このような精神こそ、それらの風化を前にして居直る思想だから……。

さて、今回紹介してみたい二冊の書物は、いずれもドキュメンテーションである。両者ともに、一九八三年という年に刊行されていることは興味深い。ツェリンスキーの『リヒャルト・ワーグナー――ひとつのドイツ的テーマ』(2)の初版は一九七六年だが、一般に手に入りやすい形で再版されたのは一九八三年だ。ベルント・W・ヴェスリンク編の『第三帝国下のバイロイト――リヒャルト・ワーグナーの政治的遺産』(3)も一九八三年に刊行されている。ワーグナー没後一〇〇年の年に洪水のごとく発刊された文献のうちの二点ではあるが、そのいずれもがタイトルからも明らかなように反ユダヤ主義、その政治的実現としてのナチズムとの関連で、ワーグナー音楽のもたらした政治的影響について、論ずるのではなく、証拠提出を行なうことに力点を置いた書物である点に特色がある。

これら二書の内容的紹介に入る前に、ワーグナー問題に関連するドイツ映画への言及をしておいた方が、このようなドキュメンテーションがどうして編まれるようになったかを理解する、よき例証となると思われるので、話をそこから始めてみたい。

今でこそ、ニュー・ジャーマン・シネマはヘルツォーク、ヴェンダーズ、ファスビンダーの映画が劇場公開もされるようになり、一般の関心も多く集まるようになってきたが、一人だけ、どうしたわけか、紹介が遅れている監督がいる。その監督とはハンス＝ユルゲン・ジーバベルクで、彼の作品は私の知る限りではごく少数の自主上映で実験的に公開されているにすぎない。このジーバベルクは、一九七五年に約四時間に及ぶ、『ヴィニフレット・ワーグナーと一九一四年から一九七五年までのヴァーンフリート邸の歴史』と題する、長大な記録映画を発表している。これはその大部分がヴィニフレットとの会見の記録だが、彼女が今でもヒトラーが扉を叩いてやって来るとモノローグするところなど、実に印象的な作品であった。さらに、彼はカール・マイ、ルートヴィヒ二世、ヒトラーに関する長大な三部作の映画を制作している。ルートヴィヒの映画だけは、時折ドイツ文化研究所で上映されているようだが、カール・マイとヒトラーの方は、これも私の知る限りでは上映されていないようだ。この三部作の完成後に、ジーバベルクは自己の映画制作の反省に立って、ビスマルクによる第二ドイツ帝国の成立からヒトラーによる第三帝国までのドイツ精神史を保守革命の再評価の形で跡づける著書を刊行している。当然、この主張の通奏低音として、ワーグナー音楽とドイツ精神、バイロイトという聖杯護持の聖地でのアーリア民族の神話化などが陰に陽に語られることになる。ツェリンスキーやヴェスリンクのドキュメントが、あえて論として展開されるのではなく、事実を引用する形で公刊された背後にはこうしたジーバベルクの映画と著書による保守革命に関する言及があると考えてよいだろう。

さて、ツェリンスキーの書物だが、大型本で三〇〇ページ近いこの図録集は、前と後に分けて掲載されているツェリンスキーの「リヒャルト・ワーグナーとその継承者」という長大な論文以外はすべて引用とイラストもしくは写真である。バイロイト祝祭劇場の建設からウィニフレットの記録映画までの一〇〇年の歴史が無数の引用文で跡づけられている。これらを見てゆくと、ワーグナー没後のバイロイトがドイツ帝国下でどのように神話化されていったかが明瞭にわかる。とくに、世紀転換期をはさんで、ワーグナー音楽とその背後の思想的基盤は、ゲオルゲの「地下の帝国にて」(一八九二年刊『アルガバル』に収録)やテオドール・レッシングの『ショーペンハウアー、ワーグナー、ニーチェ』(一九〇六年)、そしてオットー・ヴァイニンガーの『性と性格』(一九一〇年)に見られるごとく、エソテリックな讃仰からドイツ的精神の依りどころへと大きく変化する。そして、一九一一年には、レオポルド・フォン・シュレーダーの『バイロイトにおけるアーリア的秘儀の完成』とハンス・フォン・ヴォルツォーゲンの『宗教のゲルマン化』が刊行される。この両者が明らかに反ユダヤ主義を標傍している書物であることは、タイトルから見ても明瞭である。

この間、一九〇三年十月一日にはベルリンにワーグナーの大理石で出来た巨大な像が建設されたことは注目してよい。十九世紀中葉以来のドイツ各地で作られたさまざまな記念碑建設の動きがドイツにおける単一国家形成のための民族意識の覚醒を目指したものであり、これがドイツにおける歴史主義的思考とほぼ並行して行なわれた事業であったことを考えれば、ワーグナーの巨像が帝都ベルリンに建設されたことは重要な歴史的出来事であったといえるだろう。この本には完成祝典の図版が収録されているが、ヴィルヘルム二世の第二子プリンツ・フリードリヒが記念碑を作ったグスタフ・エーベルラインに対し、厳かに答礼している様子が描かれている。ヴィルヘルム二世はバイロイトへ、年ごとに一〇〇〇マルクの国家補助を約束した。それはドイツ帝国の国家的シンボルとして、ワーグナーの音楽を顕彰しようとするものであった。

ドレスデンの革命家、プロイセンによって国家叛逆者として指名手配されたワーグナーは、完全に国家的音楽家の序列に加えられたのである。このことは、ワーグナー音楽における政治的要素がともすればナチズムの政治的利用においてのみ注目されることが多い第二次大戦後の議論を、もう一度考え直すきっかけを与えるに違いない。世紀転換期にあって、ワーグナー音楽はすでに国家的統合のシンボルとして機能しており、バイロイトの音楽祭は国家的祝祭であった。この事実を顧慮するならば、第一次大戦勃発時における「文化」の「文明」に対する宣戦布告というあの熱狂がその底にローマ、ラテン文明に対するアーリア民族のゲルマン精神の英雄的戦いというイメージを包摂するものであったことが容易に了解されよう。ワーグナーのなかに内在した反ユダヤ主義的言辞がきわめて政治的に利用される沃土は、世紀末から第一次大戦前の時代、すなわちベル・エポックの時代にすでに準備されていたのだ。そして、それはたんに特殊ドイツ国内に留まるものではなく、フランスにおけるドレフュス事件、ジェノサイドの原因となった、有名な『シオンの議定書』によるユダヤ人の世界制覇の噂など、ヨーロッパ全土に起こった反ユダヤ主義思想の高まりと呼応するものであった。この点では、前号で紹介したハンス・マイヤーの主張する、ワーグナーを十九世紀的思想家の一人として古典的位置に置くことが、その政治的影響力を相対化し、ひいては過小評価する方向に傾くのに対する、メッガーの苛立ちに、私自身も共感したくなってしまう。それだけ、ドキュメントに迫力があるといえるだろう。

そして、一九二三年。第一次大戦後の大ベストセラーであるシュペングラーの『西欧の没落』とべルトラムの『ニーチェ』、さらにはエルンスト・ブロッホの『ユートピアの精神』やクルト・ヒルデブラントの『ワーグナーとニーチェ』などの引用のすぐ後に、チェンバレンのヒトラーに対する、バイロイト音楽祭訪問を歓迎する文章、さらにウィニフレットの公開のヒトラー訪問を喜ぶ文章が載せられている。ウィニフレットの文章からは、彼女とヒトラーとがミュンヘンで出会っていることを仄めかす言葉が散見される。後のフリーデリントの『バイロイトを蔽った夜』ほどではなくても、ウィニフレットのヒトラーへの異常な親近感を感じ取ることはできる。たんにそれはワイマール共和国政府のバイロイトに対する仕打ちへの憤激のみで説明のつかぬものがある。

ワイマール共和政期のドキュメントは、ツェリンスキーの本のなかでそれほど多いとはいえない。イラスト、論文の引用もあまり目新しいものがあるわけではない。一九二四年、一九二七年のバイロイト音楽祭のパンフレットの表紙にしても、同じページに載せられているフリッツ・ラングの『ニーベルンゲン』の映画スチールの迫力には及ばない。いくつかの雑誌イラストにしても、ユーゲントシュティルの亜流もしくはドイツ・ロマン主義絵画の興醒めな引用に終始している。これはベルリンを中心とする、一九二〇年代ワイマール文化の旺盛な創作活動と対比するとき、きわめて異様な印象を与える。こうした配列の仕方まで、ツェリンスキーの意図なのかどうか、こうした資料を持ち合わせていない私には判断のしようがない。ただ、この時代のバイロイトがきわめて保守的、むしろワイマール文化の斬新さに対しては反動的な地位を占めていたことだけは確実である。

ワイマール時代のバイロイトに関するページをくってゆくうちに、一九二五年十月のトーマス・マンの引用に突き当たる。それはウィリー・ハースの発刊した『ディ・リテラーリッシェ・ヴェルト』の

「コスモポリタニズムに何を負うているか？」に対する回答として書かれたものだ。

ワーグナーの「凡庸性」、すなわちドイツ的巨匠性は、圧倒的なものであった。誘惑は、この場合は、殆んど愚弄とか瞞着とかの意味を帯びる。実際、英雄が「巨匠」に仮装するということは、国民が、彼らを変化させるべく生まれついている英雄たちから愚弄されるということかも知れない。ワーグナーは今日なお、バイロイトの復興の試みに際して、穴熊のようなドイツ国粋狂の保護者、粗野な固陋さの代表者として悪用されるのだが——彼を喝采した最初の人々は、ボードレールのようなヨーロッパ的芸術家たちやデカダン派の人々であったのだ。ワーグナーがわれわれドイツ人のあいだに起こさせた誤解についてのニーチェの途方もない嘲笑は、私の一生のうちの最も強烈な批評的体験である。(4)

ここで言われている「凡庸性」とは、この文章の少し前に、マンがファシズムの理論家ズッケルトの『生きているヨーロッパ』において描かれている国民的英雄について言及しつつ、ズッケルトの論調によれば「われわれは、代表的であり国民的であるかぎり、凡庸で、われわれが『英雄』たり得るのは、国民のなかの異邦人で、国民が自分でする気が全くないことを強いてさせるかぎりにおいてだけ」ということになるとマンは批判し、この「かぎり」をともかくも慰めと見なし、国民的英雄は「幾分『凡庸性』を持つことは有効だし、必要でもあるとしてよいだろう」と論ずるなかで引かれた概念である。

この前年の一九二四年十一月二十八日、トーマス・マンは『魔の山』をようやく刊行した。『非政治的人間の考察』という長い廻り道をした末の大仕事をようやく完成させ、五〇歳を迎えた年が一九二五年であった。この文章の引用を皮切りにして、ドキュメントは一九三三年のヒトラー政権掌握前後の文章の再録に移ってゆく。一九三三年一月三十日の出来事を語るための冒頭をトーマス・マンで飾るのには十二分の根拠がある。トーマス・マンは周知のように、あの有名なワーグナー講演を準備している最中に亡命することになったからである。ドキュメントはこれ以降、マンの亡命直後の「ワーグナー都市ミュンヘンの抗議」やそれに対する『新チューリヒ新聞』の音楽批評家ヴィリ・シューの「トーマス・マン、リヒャルト・ワーグナーおよびミュンヘンの聖杯守護者たち」と題する批判などを克明に再録している。この間の事情はトーマス・マンの日記と逐一対照させて読むと興味深い。四月二十日の日記にはこんな一節がある。

……再野蛮化という現象は、古代においては原始民族によって外からもたらされたものだったが、いまのドイツではそれが、ものすごく単純な頭しか持てないようにされてしまった青年層の力を借りて、「革命」という名のもとに、意識的に押し進められている。主として反ユダヤ主義という衣をまとっている、中産階級的・人道主義的精神の駆逐と、民族的・国粋的なものへの還元とは、これまでの歴史には絶えて例がなかったほど徹底的かつ暴力的だ。(5)

この後でマンは「ユダヤ的なものに対する反撥という点にしても、ある程度までは理解できないわけではない。ところが、ユダヤ精神によるドイツ的なもののコントロールが撤廃された結果、私のような人間までが十把ひとからげにされていっしょに追放されてしまうほど、ドイツ的なものが危険に瀕し、ドイツ精神の愚かさが露呈されているのだ」という一節は、ユダヤ的なるものに対するマンの微妙な言い廻しが表われていておもしろい。

ここで、ヴェスリンク編の『第三帝国下のバイロイト』の内容について触れておこう。ツェリンスキーの本とは異なって、こちらはいくつかの写真やイラストは添えられているものの、あくまでも文章が中心のドキュメントである。最初にワーグナーの「音楽におけるユダヤ性」や「ドイツ人とは何か」などの文章を収録し、以下「第三帝国への道」「一九三三年」「ウィニフレット〈時代〉」、巻末にヴェスリンク自身による「リヒャルト・ワーグナーの反ユダヤ主義とその継承者」と題する論文が載せられている。こちらの再録はすべて新しい活字で組まれているため、ツェリンスキーの本のように当時の文字を写真製版しているのに比べて、はるかに読みやすいが、これに一長一短があることは確かである。読みにくいドイツ文字の小さな活字を追うことで当時の文章を読むことも必要なこととも思える。

ヴェスリンクの本で、私が興味を引かれた文章に、一九三三年八月十五日のバイロイト音楽祭についての『マンチェスター・ガーディアン』に載った「特別出演アドルフ・ヒトラー氏」という記事がある。これはW・L・という著名があるだけだが、筆者はかの有名なEMIの名レコード・プロデューサー、ウォルター・レッグである。最近、妻君のエリーザベト・シュワルツコップの編集したレッグの回想録が日本でも訳出、公刊されたが、若き日のレッグがヒトラー政権掌握直後のバイロイト音楽祭へ列席してルポを書いている事実は興味深い。文章は、イギリス人の眼で見た音楽祭の異様振りが簡潔に表明されている。ツェリンスキーの本に載せられている数枚の写真でも明らかだが、まさしくこの年のバイロイト音楽祭は、ワーグナーのためというよりはヒトラー総統のための音楽祭といった趣きがあったからである。レッグも書いているように、本来ならばワーグナーの伝記などが売られている店先で、『我が闘争』がうず高く積み上げられていたり、カフェ・タンホイザーやホテル「ラインの黄金」ではワーグナーの歌の代わりにホルスト・ヴェッセルの歌だけが聴こえてくるといった事態は何とも形容しがたいものであったろう。また、レッグはナチ党の強調する「ドイツの芸術はドイツの芸術家によってのみ上演する」という政策宣伝に疑念を表明している。彼はユダヤ人音楽家を抜きにしてはドイツ音楽の演奏など不可能だとまで断じている。彼は第二次大戦後の一九五一年、戦後再開された第一回のバイロイト音楽祭において、フルトヴェングラーの《第九交響曲》と若きカラヤンの指揮する《マイスタージンガー》を録音している。

ふたたび、ツェリンスキーの本に戻ると、第二次大戦後のバイロイトのドキュメントとしては、ウィニフレットの告発、そして廃墟のヴァーンフリート邸を背にしてバイロイト音楽祭の再興について話し合うヴィーラントとヴォルフガングの姿が印象的である。

やや、ツェリンスキーの本に比重を置いて、内容を紹介してきたが、私はますますドイツにおける反ユダヤ主義とワーグナーの関連が複雑なものに思えてきた。もともと、ユダヤ主義も反ユダヤ主義も、旧約聖書の時代以来の問題であり、身近な体験としてそれを持つことのない日本人にとって、まさしく絶望的に了解困難な研究対象に違いない。この問題の根は日本の古代以来の歴史以上の歳月の重みを持っているのだ。けれども、このようなことを言っても仕方がない。要は、ワーグナーの音楽のなかに、反ユダヤ主義にまつわる問題性を認めることが必要であろう。冒頭のジョージ・スタイナーの言葉に帰って考えるならば、アウシュヴィッツの後に生きる私たちにおいて、それは不可欠のことに違いない。だが、それは大変なことでもある。当面、私としては『非政治的人間の考察』から『魔の山』の完成までのトーマス・マンの精神的軌跡を辿り直すことによって、マンにおけるショーペンハウアー、ニーチェ、ワーグナーに対する理解がどのように変わっていったかを追究したいと思っている。第一次大戦勃発直後には激越なアジテーションで、ドイツ帝国の英雄的宣戦布告を支持した後は、さきに引用した一九二五年の文章、そして一九三三年の文章では明らかにまったく異なる立場に変わっている。民族主義的思考から市民的コスモポリタニズムの立場と言ってしまったら、あまり意味のない文学史的知識の不用意な使用になってしまうと思われるが、この変化は重要な意味を内包していると思う。ユダヤ人でなかったトーマス・マンが第二次大戦後もドイツへ居を定めることなく、チューリヒで世を去っていることは重要なことだ。ドイツの作家であるマンは、亡命地で死んだことを意味している。マンは意識的にそれを選んだ。とすれば、マンにおける「ワーグナー問題」は、今日もなお故国ドイツには帰還していないことになる。一九八三年の盛大なバイロイト音楽祭でのワーグナー没後一〇〇年の行事のただなかで、ツェリンスキーやヴェスリンクの本が刊行される意味は、おそらくここにひとつの要因を持っている。「ワーグナー問題」はまさしく「ドイツ問題」であるのだ。それはドイツ人ばかりでなく、ドイツの文化について関心を持つ人たちの上に重くのしかかっている重大な問いである。

【注】

（1）ジョージ・スタイナー、由良君美他訳『言語と沈黙』（上）せりか書房、一九七四年。

（2）Hartmut Zelinsky, *Richard Wagner, Ein deutsches Thema, Eine Dokumentation zur Wirkungsgeschichte Richard Wagners 1876–1976*, Berlin 1983.

（3）Berndt W. Wessling [Hrsg.], *Bayreuth im dritten Reich, Richard Wagners politische Erben, Eine Dokumentation*, Basel 1983.

（4）佐藤晃一他訳『トーマス・マン全集』第一〇巻　新潮社、一九七二年。

（5）浜川祥枝他訳『トーマス・マン日記一九三三―一九三四』紀伊國屋書店、一九八五年。

【付記】今回も、三光長治氏から、ツェリンスキーの本をお借りし、貴重な助言をいただきました。

ユダヤ陰謀説とゲルマンの霊的起源

アウシュヴィッツのあとで

ワーグナーにしても、ナチズムにしても、それなりの通念が一応は普及していると思われるが、反ユダヤ主義となるとその実態がいったい何なのかという点から始めなければならなくなる。ただ、近年のオカルトものの普及、神秘主義的主張の蔓延は、反ユダヤ主義の問題を考えるための側面的な手助けにはなる。だが、オカルトにせよ神秘主義にせよ、それらが顕教として語られるようになったことは、その隠秘学的教義がどこかで洩らされたからこそ、今日私たちの前にも立ち現われていることを忘れるべきではない。そして、隠秘学ではなくなった教えが歴史的な事実として語られるとき、私たちはそれがどうして語られたかに注意を向ける必要がある。語る者の意図のなかに、あるいは意識的には存在していなくても、もともと闇のなかで生息していたものを光のなかへ拉致してきたという恐るべき事象の背後には、ある歴史上の反作用が働いていると思えるからだ。

文化批判は、文化と野蛮の弁証法の最終幕に直面している。アウシュヴィッツ以後、詩を書くことは野蛮である。しかもこのことが、なぜ今日では詩を書くことが不可能になってしまったかを考える認識をさえ蝕(むしば)んでいるのだ。精神の進歩をもおのれの一要素として前提するような絶対的物象化が、今やこの精神を完全に呑みこもうとしている。

T・W・アドルノの最も有名な言葉のひとつがこの引用文なのだが、「アウシュヴィッツ以後、詩を書くことは野蛮である」という言葉が、現に西ドイツでどれほどの重みをもって語られているかは、日本ではちょっと説明しにくいことがらなのだ。反ユダヤ主義のもつアクチュアリティはそこに存在している。現に、ネオ・ナチは一時の盛り上がりほどではないにせよ、ドイツやオーストリアで活発な活動を続けているし、フランスでも急進右翼の進出はめざましいものがある。絶対的物象化の実現としての全体主義社会は決して過去のものではない。今日の高度消費社会においてなされている知の過剰な消費は、文化批判によってしか批評しきれぬ何ものかなのだ。

反近代ユダヤ主義の発生

これから語る反ユダヤ主義はあくまでも「近代反ユダヤ主義」のことであることを前もって注意しておこう。古代、中世、そして近世のユダヤ人をめぐる情況に関してはここでは触れない。H・アーレントが指摘しているように「近代反ユダヤ主義の成立と成長は、ユダヤ人の同化の過程、ユダヤ教の古くからの宗教的・精神的内容の世俗化および消滅ということと時を同じくしている」ことをまず前提として論を進めていこう。

「ハイネとユダヤ主義」に代表される啓蒙主義における「ユダヤ人問題」についてもここでは触れない。ただ、フランス革命とそれに続くナポレオン戦争がユダヤ人をゲットーから解放する原動力になったことだけは指摘しておく必要がある。十九世紀を通じて起こった国民国家の台頭、そして資本主義社会の高度化が近代反ユダヤ主義発生の要因であった。

一八五三年、アルチュール・ド・ゴビノー伯は『人種不平等論』と題する書物を刊行した。「文明の滅亡は歴史のあらゆる現象のうち最も人の目を惹くものであると同時に、最も目立たないものである」と書き出されるこの本は、シュペングラーの『西欧の没落』が出現する半世紀以上も前にヨーロッパの没落を予言し、ニーチェがヨーロッパのニヒリズムを書く三十年も前に、西欧に生ずるであろうデカダンスの現象を発見した。この書物が人種イデオロギーの理論的基礎を与えたことは十九世紀末になると明瞭になってくる。

R・ワーグナーがゴビノー伯にヴェネツィアで初めて会ったのは一八八〇年十月、『人種不平等論』を初めて読んだのはその翌年の五月、ゴビノー伯のバイロイト初訪問が実現した前後のことだが、それよりも以前の一八五〇年にワーグナーは、「音楽におけるユダヤ性」という論文を書いている。そのなかにこのような文章がある。

我々は、ユダヤ人の気質や人柄から受ける抑え難い不快感を正直に告白し、いくら自覚的に努力しても拭いきれないほど根強いことが分かっているこの本能的な嫌悪をありのまま認めるようにしなければならない。こうした自然な反ユダヤ感情を公言することをタブー視したり、不謹慎呼ばわりしなければならないと今なお感じている人は、故意に自分を騙していることになる。

若きドイツ派に共感し、ドレスデンの革命に参加したワーグナーのなかの反ユダヤ感情がどの程度のものだったかを証拠立てることはかなり難しいことだと思うが、ワーグナー死後のバイロイトでワーグナー音楽の神格化と並行して、その理論的基礎として反ユダヤ主義的な人種イデオロギーの世界観が植えつけられたことはゴビノー伯そしてH・S・チェンバレンという人脈から明瞭に看取されることがらなのだ。

チェンバレンが大著『十九世紀の基礎』（一九〇一年・第三版・ミュンヘン）で述べたゲルマン・イデオロギー、アーリア民族優位の思想に立ち入ることはできないが、ゲルマン民族こそギリシア・ローマの正当な継承者であることを強調したくだりを少し引用しておくことにしよう。

ヨーロッパ史へのユダヤ人の登場は（ヘルダーも言っているように）、無縁の要素——ヨーロッパが当時すでになし遂げていたところのものに対して無縁の、なおなし遂げるべき使命を帯びていたところのものに対する無縁の要素の登場を意味していたが、ゲルマン人については、この事情は逆である。よく裸体のまま出陣したこの野蛮人、突如森林や沼沢から出現して開化した世界に対して侵略の拳を加えたこの未開人は、やはりギリシア人やローマ人の漁法の相続者であり、彼等と同じ血を享け、彼等と同じ精神をもっていたのである。

こうした断定から、ゲルマン民族の優位という図式をチェンバレンは展開してゆくのだが、時代の思想的コンテクストのなかに置かないかぎり、彼の凡庸にしてかつ大げさなだけのエクリチュールを理解することは困難であろう。ただ、ナチズムの思想的バイブルであったアルフレート・ローゼンベルク著『二十世紀の神話』(一九三〇年・ミュンヘン)のなかで、彼はチェンバレンの名を挙げつつ、次のように記しているのは印象的だ。

西洋のあらゆる国家およびそれらの国々の創造的な価値がゲルマン人から生み出されたことは、もとよりすでにながく一般的な成句であった――チェンバレン以前には、それから必然的な結論が引き出されたことなしに。

やや逆説風の言いまわしだが、チェンバレンこそ、ゲルマン民族が伝統を受け継ぐ創造の役割を担い得た民族であることを指摘した最初の人であると、不明瞭にではあるが表現したいローゼンベルクの意図ははっきりしている。

『シオンの議定書』のスキャンダル

近代の反ユダヤ主義にまつわる世紀転換期から今世紀にかけての最大のスキャンダルについて触れておいた方がよいだろう。それは『シオンの議定書』なる文書のことだ。たしかに、このパンフレットが偽文書であった以上、それについての文献的詮索は徒労なのかもしれない。しかし、今日に至るまで影響力をもつ、この偽文書について批判的に紹介しておくことは無益ではないと思う。

一般にプロトコルと呼ばれる『シオンの議定書』は、一八六四年にブリュッセルで刊行されたモーリス・ジョリの『モンテスキューとマキャヴェリの地獄の対話』を剽窃した贋文書だった。いったいどうして、ナポレオン三世の政治を批判した書物がユダヤ人による世界制覇の秘密計画書になったのだろうか。もともとプロトコルの原型が成立したのは十九世紀末から二十世紀初頭のロシアであった。当時のロシア帝国はツァーリ独裁の危機に直面していた。また、宮廷内部には数多くの反革命家や偽神秘家が跳梁していた。

一九〇三年の八月から九月にかけて、ペテルブルクの新聞『軍旗（ツナミア）』はプロトコルの短縮版を連載した。このとき、『軍旗』の編集長クルーシュヴァンはその原稿の出所を明示せず、それがフランスで起草されたものであること、翻訳者が『フリーメーソンとシオンの賢者の世界会議議事録』と題されていたものを『ユダヤ人の世界征服プログラム』と改題したこと、これらを指摘したのみだった。

そして、二年後の一九〇五年、削除のない完全版として『諸悪の根源——ヨーロッパ、とりわけロシアの社会の現在の無秩序の原因は奈辺にあるのか？　フリーメーソン世界連合の新旧議定書(プロトコル)よりの抜萃』が刊行される。また、神秘家セルゲイ・ニルスの著書『卑小なるもののうちの偉大——政治的緊急課題としての反キリスト』（一九〇五年・第三版）にもプロトコルは採録される。このニルス版が大きな力を持ち始めるのは、内容が若干増補されて、『それは間近に来ている……反キリストが来る。悪魔の地上支配が迫っている』と改題されて再刊された一九一七年以降のことである。

プロトコルの初めてのドイツ語訳は一九二〇年一月に『シオン賢者の秘密』と題されて刊行された。これに先立ち、ベルリンの保守系ユダヤ雑誌『前哨』はプロトコルのドイツ語版の予告文を掲げている。

ドイツにおいて、シオン賢者のレポートは、戦前ユダヤ人とフリーメーソンを除いてほとんど余人の知る所ではなかった。もしもヨーロッパ諸国の君主たちが、然るべき時に『シオン賢者の秘密』を読んで、然るべき対抗措置を講じていたならば、世界史はおそらく今とは違ったものになっていたはずである……。

第一次大戦に敗れたドイツで、プロトコルのドイツ語版は、かつてのロシアの制作者たちの夢想もしないほどの成功をおさめた。およそ一年間に十二万部も売れたという。この売れ行きはヒトラーが政権に就く一九三三年まで続き、注解や解説書のたぐいまで加えると、ヒトラーが台頭してくる前でさえ、ドイツの書店にはプロトコルにまつわる類書であふれかえっていた。

さて、こうしたプロトコルの圧倒的読まれ方を準備したドイツにおける思想的要因として、ゲルマン民族主義イデオロギーの登場がある。この思想はラガルド、ラングベーン、メラーという三人の思想家の営為をたどることによって明瞭となる。ラガルドは『ドイツ書』（一八七八年）と題した論文集のなかで、ビスマルクに指導された新帝国の隠れた弱点を、信仰の喪失、民族の不統一、教育の腐敗、道徳の衰退などの現象のなかにみてとり、ゲルマン民族としてのドイツ人の文化的危機を予言した。『西欧の没落』に先行したドイツでの大ベストセラー、『教育者としてのレンブラント』（一八九〇年）の著者ラングベーンは近代文化の支柱である近代の知性を非難し、近代科学を否定してゲルマン精神を賞揚した。世紀転換期に生成し、燎原の火のごとき運動の高まりを示したワンダーフォーゲルの運動はラングベーンへのドイツ青少年たちの帰依によるところが大きい。ヒトラーがおのれの帝国に「第三帝国」と名づけるきっかけを与えた書物『第三帝国』（一九二三年）の著者メラーは、ドイツにおけるドストエフスキーのドイツ語訳を刊行した仕事でも有名である。第一次大戦後に刊行された『第三帝国』はワイマール共和政批判の急先鋒の役割を果たし、当時の政治勢力すべてにわたる仮借ない論破は保守革命陣営に強い影響を与えた。メラーとローゼンベルクが時代は数年をへだてているが、ともにシェストフと並ぶロシアの神秘思想家メレジコフスキーの庇護の下にあった事実は興味深い。

一九八三年、ワーグナー没後一〇〇年を記念して刊行された数多くのワーグナー関連の書物のなかで、とりわけ異彩を放った書物が二冊ある。

一冊はツェリンスキーの『R・ワーグナー――ひとつのドイツ的テーマ』、もう一冊はヴェスリンクの『第三帝国下のバイロイト――R・ワーグナーの政治的遺産』である。両者ともに著書ではなく、ワーグナー生存時から第三帝国期に至るさまざまな「ワーグナーと反ユダヤ主義」の資料を覆刻する形態をとっているが、「ワーグナー音楽とナチズム」がたんにヒトラーのワーグナー好きには解消しきれない複雑な問題を含みこんでいることをはっきりと物語っている。かつて第二次大戦中に、ピーター・ヴィーレックはアメリカの読者に向けて、ドイツ・ロマン主義のもつデモーニシュな神秘への憧憬がワーグナーの音楽的宇宙へ結実し、そこからナチズムの「血と大地」の神話が生まれたことを綿密に論証した(『ロマン派からヒトラーへ』)。

ナチス・ドイツの霊的起源

ワーグナー問題はいわゆる「ドイツ問題」と深くかかわっている。近代反ユダヤ主義の台頭もゲルマン民族主義に基づく人種的世界観も、この「ドイツ問題」の解決のために召還されたポレミックなのである。では、「ドイツ問題」とは何か。これを明らかにすることにより、ワーグナー、反ユダヤ主義、ナチズムを結ぶ背後の巨大な地平が見えてくるように思われる。

「ドイツ問題」とは、まず直接的にはフランスの近代啓蒙主義に基づく市民的諸理念、その軍事的な体現者であったナポレオンに対する反逆にその源泉をもっている。もとより、それに先立つ宗教改革と三十年戦争に重大な要因が存在しているのも確かだ。三十年戦争はドイツ全土を焦土に変え、ドイツの国民国家の形成は大幅に遅れた。そして、さらにいえば、ローマ帝国に対するゲルマン民族の大移動にも遠い原因がある。「ドイツ問題」とはドイツ的立場とドイツの存在を認めまいとする立場の対立のことなのだ。

この対立を端的に表わす言葉こそ、「文化」（kultur）と「文明」（Zivilisation）の対決といえるだろう。あえてこの対立を図式的に示すとすれば、次のような対立として列挙できる。すなわち、生命に対する秩序、ロマン主義対古典主義、権力対理性、民族主義対個人主義、神話対啓蒙、有機体的世界観対要素論的世界観などなど。

こうした「ドイツ問題」を念頭に置くならばワーグナーの芸術的主張のなかにドイツ・ロマン主義の思潮が色濃く投影されていたことは明瞭である。むしろ、ワーグナーはヘーゲルが哲学でなしたごとく、このロマン主義的世界観を宇宙論的に体系化し得た人だった。そこにワーグナー音楽の問題性がある。

ローゼンベルクが『二十世紀の神話』のなかで「西洋の一切の芸術の本質的なるものが、リヒャルト・ワーグナーにおいて顕現するに至った」と書き、ローエングリーンやジークフリートに北方的ゲルマン的美の理想や英雄の典型を見出したのは、ワーグナーのなかにそうした把え方を許す要素が内在していたからである。さらにワーグナー死後のバイロイトがゴビノー、チェンバレンに指導されながら反ユダヤ色を強め、リヒャルトの子ジークフリートに代わってバイロイトの実権を掌握したウィニフレットがヒトラーと結びつくことになるのは単なる歴史の偶然ではなかろう。

ワーグナーの音楽は大衆動員のプロパガンダにおけるバックミュージックとして徹底的に利用され

た。レニ・リーフェンシュタールの記録映画『意志の勝利』を観るならば、このニュルンベルクの党大会の映像のバックに流れる音楽がワーグナーの行進曲以外に絶対あり得ないことは一目瞭然である。さらにヒトラー・ユーゲントの若者たちはワーグナーの音楽に陶酔しつつ、ゲルマン民族の意志を再認識し、フューラー（総統）の指さす第三帝国の勝利に向けて、ブロンドの獅子のごとくに行軍を始めた。

最後にナチズムをめぐる議論が神秘主義と接する時の危険性を少し触れておくことにしよう。古代以来の神秘主義諸潮流がほぼゲーテの死（一八三二年）の頃に最終的な眠りに就いたことを私は仮説として主張したい。たしかに十九世紀半ばより世紀転換期にかけて無数の神秘主義的思索が現われた。しかし、これらは直接に古代以来の神秘学とつながっているというより、こうした古代以来の伝統に対する追憶、ノスタルジアの傾向を認めることができるのではないか。再生というより復古、もしくは郷愁といった側面が濃厚であるように思う。この断絶が何に起因するものなのか、今の私にもはっきりと摑めないが、今日の神秘主義の隆盛を批判理論的にみるためには、この立脚点がどうしても必要だと思う。

雑誌『迷宮』（Vol. 2）に訳載されていたJ・ウェッブの「ナチズム――その霊的起源」の訳文を読みながら、この摩訶不思議な論文に対して、私はいいようのない反発を覚えた。たしかに、そこに盛られている歴史的事実のいくつかは私も知る事実である。ただ、どうしてもそうした事実をつらねてゆくウェッブの姿勢に同感し得なかったのだ。それはチェンバレンやローゼンベルクの本を読む時の印象と一脈通ずるものがあった。ものすごい博引旁証にもかかわらず、読む者を論理で納得させるのではなく、ひたすら霊的情念でひきつけようとする態度には、あるまがまがしさがあるように思われたのである。

おそらく、これからも「神秘学とナチズム」に関する論究は多く現われるだろう。私としては、こうした議論をあくまでもドイツの現代思想史の枠組み内で慎重に位置づけてゆきつつ考察することが肝要であると思う。冒頭のアドルノの言葉をくりかえすが、「アウシュヴィッツ以後、詩を書くことは野蛮である」とするなら、アウシュヴィッツのあとで無自覚に野蛮な歴史記述をすることはなお野蛮な所業に違いない。歴史を記述するとき、こうした批判理論の視座は不可欠に思える。

【参考文献】

本文中で言及した順に列挙した。なお、ごく少数だが、本文中に言及されていない書物も含まれている。

T・W・アドルノ、大久保健治訳『プリズム――文化批判と社会』法政大学出版局。

H・アーレント、大久保和郎訳『全体主義の起原I』第一巻「反ユダヤ主義」みすず書房。

K・v・ヴェステルハーゲン、三光長治・高辻知義訳『ワーグナー』白水社。

R・ワーグナー、池上純一訳「音楽におけるユダヤ性」（日本ワーグナー協会『年刊ワーグナー』一九八四年、一九八五年　音楽之友社）

H・S・チェンバレン、保科胤訳『新世界観の人種的基礎』栗田書店。

A・ローゼンベルク、吹田順助・上村清延訳『二十世紀の神話』中央公論社。

N・コーン、内田樹訳『シオン賢者の議定書――ユダヤ人世界征服陰謀の神話』KKダイナミックセラーズ。

F・スターン、中道寿一訳『文化的絶望の政治――ゲルマン的イデオロギーの台頭に関する研究』三嶺書房。
H. Zelinsky, *R. Wagner, Ein deutsches Thema, Eine Dokumentation zur Wirkunggeschichte R. Wagners 1876–1976*, Berlin 1983.
B. W. Wessling, 〔Hrsg.〕 *Bayreuth im dritten Reich, R. Wagners politische Erben, Eine Dokumentation*, Basel 1983.
J. Katz, R. *Wagner, Vorbote des Antisemitismus*, Bonn 1985.
P・ヴィーレック、西城信訳『ロマン派からヒトラーへ――ナチズムの源流』紀伊國屋書店。

G・B・インフィールド、喜多迅鷹・喜多元子訳『レニ・リーフェンシュタール――芸術と政治のはざまに』リブロポート。

J・ウェッブ、井辻朱美訳「ナチズム――その霊的起源」(『迷宮』Vol. 2、特集「ナチズム」白馬書房)

エルンスト・ブロッホの一九二〇年代——『この時代の遺産』を読む

一九八九年のベルリンの壁の開放以降、東西の冷戦構造は崩壊した。ロシア革命に始まる社会主義の世界体制は、資本主義に敗北したことになる。しかしながら、こうした「民主主義の勝利」という短絡的な見方が、歴史現象のきわめて表層的な感想にすぎないことを念頭に置いておく必要がある。一九八〇年代の半ばまで、「ポスト・モダニズム」なる思想潮流が知的世界の全面を覆ったことを想起すれば、モード化された思考がどれほど儚いものだったか、今にして、悟りうることではないだろうか。これまで、声高に議論されてきたさまざまなスローガンを思い出してみてもよい。いわく、「イデオロギーの終焉」(ダニエル・ベル)、「未来の衝撃」と「第三の波」(アルヴィン・トフラー)、「歴史の終り」(フランシス・フクヤマ)などなど……。これらの論調に接するたび、かつての「叛乱の季節」にゆくりなく出会ったエルンスト・ブロッホのことを思い起こしたものだ。

ワイマール共和国の知的実験に関心をもちはじめてから、もう三十年近くなる。一九六〇年代末の激動のなかで、彼の予言者的文章は不思議な魅力を湛えていた。確かに、「黙示録とユートピア」についで倦むことなく書くブロッホの語りに長時間つきあうのは、一九七〇年以降の「知的拡散の季節」のなかで、とても疲れることだった。だから、そう何度も、彼のことを思い返したわけではない。今回、この世紀の終り近くから、一九二〇年代のドイツ思想をもう一度考えてみようと思ったとき、何者にも自らの発言を遮らせようとさせなかった、ブロッホの確信に満ちた力強い発言が思い出されてきた。一九三三年一月、ヒトラーの政権掌握により、故国ドイツを去るのを余儀なくされたブロッホは、プラハを経てアメリカへ亡命し、第二次世界大戦の終わるまでこの地に留まった。この亡命生活の初期、一九三五年に、彼はチューリヒで『この時代の遺産』(池田浩士訳 ちくま学芸文庫)と題する著書を刊行した。ここでいわれる「この時代」とは、ナチズムにより崩壊させられた「ワイマール共和国」の時代を指している。すなわち、共和国の鬼っ子であるナチズムの狂気を産みだしてしまった「ドイツ・デモクラシーの悲劇」を、その同時代にベルリンで生きてきた知識人として直視し、その遺産を明確化しようとする意図を、この書物はもっていた。『この時代の遺産』を読むことによって、ナチズム生成の秘密にアプローチすることができるのではないか、本論はこうした目論見から出発したささやかな試みである。

I 『この時代の遺産』の構成

『この時代の遺産』は、一九六二年版を定本にしたズールカンプ書店の著作集でも、四一五ページの大冊で、翻訳の「ちくま学芸文庫」でも七四八ページの大著だ。原稿量の大きさとしては、『希望の原理』（全三冊　邦訳　白水社）という最大級のものがあるから、決して『この時代の遺産』だけが大きな書物とはいえないのだが、ブロッホ特有の表現と知の万華鏡のごとき内容の雑多さが、要約を著しく困難なものにさせている。

まず、ブロッホの文体の特徴に言及する必要がある。「われわれはまだいる。だが、半分しか成功していない。細民は、あまりに多くのことを抑制しすぎるのだ。自分の身のために、とかれはまだ思いこんでいる」（以下、引用は「ちくま学芸文庫」の池田浩士訳による）。最初の章「塵埃」の冒頭の一文だ。Wir sind noch. たった、三単語の文章で、『この時代の遺産』は始まる。この形式はブロッホの全著作を貫く特有のスタイルだ。彼の作品は、すべて、こうした短文を積み重ねていく方法によって構成されている。もとより、文章量の大小も計算されて配置されている。美術作品の比喩を使うとすれば、新聞紙、広告のビラ、写真などをパッチ・ワークで平面に張りつけていく、コラージュの手法に近い。そして、『この時代の遺産』でも、随所で表現されていることだが、このスタイルによって、ブロッホは「思想のモンタージュ」を試みようとしている。もちろん、個々の文章の論理は辿れるが、感覚的な言い回しや直観的な断定がいたるところで顔を覗かせているから、要約は不可能に近い。

いまさら、そのようなことを記しても仕方ない。「序言」に沿って、全体の構成を見ることにしよう。冒頭には、有名な文章がある。『この時代の遺産』で、最も知られた一節だ。「ここを広く見わたしてみる。時代は腐敗し、しかも同時に陣痛に苦しんでいる。事態は悲惨であるか、さもなければ卑劣であって、そこから脱け出る道はまがりくねっている。だが、この道の果てがブルジョワ的なものでないだろうことは、疑うべくもない」。まず、埃をまきあげながら崩壊していく市民階級の姿が、

「塵埃」のいくつかの短文で描写された後、「サラリーマンと気散じ（一九二四―一九二九年）」と「非同時代性と陶酔（一九二九―一九三三年）」と題された章が続く。第二次世界大戦以後に刊行された第二版では年代の表示がなくなっているが、この二つの期間がワイマール共和国にあっては、「相対的安定期」、「ナチズムへの傾斜」なる時代的特質を有した時期だったことからも、ブロッホの意図は明らかだ。「序言」で強調されているが、後者の「陶酔の時代」は、この書物の刊行時点（一九三五年）では終わっていない。そこで、「ナチと大資本家たち」よりも、「いくぶん本当に『非合理性』を会得している立場から」、解放のための方向づけのために、「総括的過渡――非同時代性、および弁証法への義務」が置かれる。最後に、「大ブルジョワ階級、即物性とモンタージュ（一九二四―一九三三年）」と題された巨大な章が続く。この部分だけで、全体の半分を占めている。この章では、ブロッホ自身が「この驚くべき時代」と評している、一九二四年から一九三三年までの「ワイマール文化」が多面的に分析されることになる。この場合、導きの糸になるのが、相対的安定期のワイマール文化を支配した「即物主義」への批判的視点と、「相対主義から、さまざまな部分をもぎとり、それらをつなぎあわせて新しい形姿をつくり出す」モンタージュの方法である。

『この時代の遺産』の大まかな構成は、以上のようなものだ。一九六二年に刊行された際に、多くの文章が増補されたが、それとともに書かれた「追記」の最後に印象的な言葉がある。

『黄金の二〇年代（ゴールデン・トウエンティーズ）』、ナチの恐怖はそのなかで芽生えた。そしてここではどんな光も下へは落ちなかった。実験芸術は前代未聞のもののなかに線を引き、みずからのよりどころとなしうるものを何ひとつ見出さなかった。——いつか事態は変わるだろう。火花をちらす空洞、これはきっとこれからも永くわれわれの状態でありつづけるのだろう。けれども、それはとりつくろうことなく歩める空洞であり、たどるべき方向の姿を次第に形成してみせてくれる火花なのだ。陥没のなかを行く道は、敷設可能なのだ、斜めにつっきって。

ブロッホの時代への態度が、鮮明に表れている一節だと思う。「陥没のなかを行く道は、敷設可能なのだ、斜めにつっきって」という最後の一文のトーンは、アドルノとホルクハイマーの『啓蒙の弁証法』（邦訳　岩波書店）にはない。ブロッホの思索のスパンの巨大さが強く印象づけられる文章だ。

Ⅱ　ルートヴィヒスハーフェンとマンハイム

エルンスト・ブロッホは、一八八五年七月八日、ライン河畔の工業都市ルートヴィヒスハーフェンで生まれた。父はバイエルン公国の官吏をしていた中流のユダヤ人だった。ブロッホは、二十歳まで過ごしたこの都市のことを、『この時代の遺産』のなかで、一節を割いて、ライン河対岸のマンハイムと対比しつつ印象的に叙述している。当時、ルートヴィヒスハーフェンはバイエルン公国に属していたが、マンハイムはバーデン大公国の古都だった。マンハイムには、「ヘルマンとドロテーアの時代のような陽気で親しみやすい建てられかたをし」た「古い王宮」があり、それは「ブルジョワジーに支えを与えるひとつの美しい装飾ではあった」。それに対して、ルートヴィヒスハーフェンには、何があったのだろうか。一九二五年に創立したドイツ最大の化学工業会社ＩＧ染色の中核工場のバーデン・アニリン＝ソーダ工場は、バーデンのマンハイムにではなく、バイエルンのルートヴィヒスハーフェンに移され、この都市の目印になった。ブロッホは、嫌味たっぷりに、「煙とプロレタリアートがマンハイムへ流れて行かないように」と注記している。彼の生まれた故郷は、十九世紀の半ば、ドイツの産業革命とともに建設された都市だった。駅前にはシラーの胸像が建っていて、ジェットコースターがその胸像に歌いかけ、「パリの時計軒」という名前の酒場のチェーン店があった。『ニーベルンゲンの歌』の伝説的舞台だった中世の由緒ある土地が、ブロッホの形容によれば、「ライン河畔の小市民的な西部」となっていたのだった。そこには、ヤーコプ・ヴァッサーマンやトーマス・マンのような人たちが追憶する「良き市民」の場所はなく、アプトン・シンクレアやジャック・ロンドンの創作の背景となるような世界が広がっていた。ブロッホ少年などの眼に映った都市の肖像とは、巨大なクレーンに縁取られた「後期資本主義の純粋な、粗暴で冷たい、空想じみた顔」だった。そうした街に育ったブロッホは、歳の市の喧騒を楽しみにしながら、カール・マイの冒険小説に読みふけっていたのだった。

ルートヴィヒスハーフェンとマンハイム、二つの都市のライン河岸を挟む並存は、思春期のブロッホに、後に概念化される「同時代性」と「非同時代性」なるカテゴリーの姿を教えたといってよい。近代工業の最先端都市ルートヴィヒスハーフェンと「歴史と文化」を思い起こさせる宮廷都市マンハイム。二つの都市の対照から、ブロッホの「現実とユートピア」の思索が始まっていった。神聖ローマ帝国に続く第二帝国、プロイセン主導によるドイツ帝国は、首尾一貫した中央集権国家ではなかった。帝国の版図のなかに、多くの地方性を残存させた斑模様の領国連合体だった。産業革命の進行と資本主義市場の形成は、封建的で閉鎖的な数多くの領邦国家の境界を取り払っていったが、ブロッホ少年の眼に映った「工業と文化」の相違は、そのまま新興ドイツ帝国の内部的矛盾の姿だったのである。

Ⅲ　歳の市と通俗読み物

『この時代の遺産』には、歳の市の情景が微細にわたって想起されている。歳の市の記憶は、ブロッホにとって、カール・マイのような通俗読み物と「瓜二つ」の形で過去の心象風景のなかにしまい込まれている。その二つは、どちらも子供時代の憧憬を、その「夢の輝き」を表したものだった。「ワッフルの匂い」が鼻をひきつけ、色とりどりの甘い蛇のような棒砂糖が舟型容器のなかに垂れ下がって眼を楽しませ、アメリカ風のトウモロコシパンやチロル風のアルプスパンがアルコールランプの炎のうえで焼ける音が耳に聞こえてくる。これら魅惑的品々が、「鼻と眼と耳とに同時にうったえる味わいをおびて」、「エキゾチックな陶酔の世界」を繰り広げているのが歳の市だったと、ブロッホは熱情的に語る。歳の市の教えることは、近代化の進行のなかで、「農民のフォークロアが減少し」、消滅すればするほど、大市の広場を舞台とする新しいフォークロアが生まれてくることだった。オーケストリオンは、手回しオルガンを放逐しはしなかったし、ジャズはそのエキゾチシズムゆえに、レントラーワルツと混淆した。電気はメリーゴーラウンドに新しい魅力を加えた。ブロッホは、歳の市の見世物をノスタルジックに想起するだけでない。そこに「謎めいた世紀のあらゆる夢のモンタージュ」の原基形態を直感する。

もうひとつの世界、通俗読み物は「市の魔法」が視覚的に実現したものを読む行為のなかに夢見させてくれる。ブロッホは、オリエント風の迷宮や逃げ出してきたインドのハレムの姫に、歳の市で感じたような心のときめきを感ずる。「だれもが読んでいるあいだは多彩な主人公たちの行為を夢み、目ざめたあとしばらくするとそれをわすれてしまう」。読書は夢見る行為であり、目ざめたあととは読み終えた後のことを含意している。冒険小説などのなかには、原初の被造物の荒々しい叫びが主人公を襲う苦難として鮮明に描き出されている。読者は主人公とともに心の緊張を共有する。その冒険が終わるとき、読者はある夢の輝きを垣間見たような感覚に浸される。ブロッホは、この感覚を「こんにちの物象世界をつらぬいて漏れ輝いている」願望世界の反映と考える。ユートピアは、原初と未来の双方向から、現在へ投げかけられるイメージにほかならない。通俗読み物は、こうした夢のアラベスクを織りあげた物語なのだ。だが、ブロッホは、そのような読み物がドイツ・ファシズムのイデオロギーに利用されたことを指摘し、その両義性についても言及するのを忘れない。大衆文学のなかに内在する革命性を、ナチズムがフリーメイソンやシオン賢者の陰謀として横取りし、巧みに反ユダヤ主義の物語を創造してしまったことを、ブロッホは、苦々しげに回想している。

Ⅳ　世界都市ベルリンの空洞

一九〇五年、ブロッホはルートヴィヒスハーフェンのギムナジウムを終えて、ミュンヘン大学に入学し、テオドール・リップスの下で哲学を学ぶ。ちょうどその頃、リップス門下の学生たちがフッサール現象学の影響を受け、フッサールのいるゲッティンゲン大学と交流を深めていたが、ブロッホにはあまり関心がなかったようだ。むしろ、二人の女友達と知り合ったことの方が重要だった。ひとりは、後のルカーチとの親交に大きな役割を果たしたエンマ・リトーク、もうひとりは、最初の妻エルゼ・フォン・ストリツキーだった。一九〇七年、ミュンヘン大学からヴュルツブルク大学へ移り、翌年には学業を終え、ベルリンへ向かったブロッホは、そこでルカーチと出会う。ここから、ルカーチを介してのウェーバー・サークルへの出席、処女作『ユートピアの精神』（第一版　一九一八年）の刊行など、書くべきことは多いが省略する。詳しくは、好村富士彦著『ブロッホの生涯』（平凡社）を見られたい。

一九二〇年代、ブロッホはベルリンで文筆家（フュトニスト）として生活していた。『この時代の遺産』のなかのベルリンに関する部分は、彼自身の都市での体験が込められている。「ベルリンは、ドイツにありながら戦争に勝ったのだ。この都市は、後期ブルジョワ的風潮の最先端にあるのだ。ここには、われわれがすでに知ったようなあの意味での非同時代的な諸相は、ごくわずかしかない。それらがこの都市に持ち込まれ説きすすめられたのは、ようやくいちばんあとになってからだった。ベルリンは、むしろ途方もなく『同時代的』であるようにみえる」。ブロッホは、「過渡——ベルリン、空洞内の諸機能」の初めの部分で、このように指摘している。もとより、マルクス主義者であるブロッホは、「同時代的」というカテゴリーに、「資本主義の都市がいくら先端を行っているとはいっても、それはまずさしあたり限定的な、いやそれどころか本当でない意味においてのみ、というのはつまり単なる当世風(アップ・トゥ・デイト)という意味においてのみ」という限定をつけ、マルクスの言葉である「(ブルジョワの)技倆、知識、精神的洞察および知的資源は、自分の鼻さき以上にはとどかない」を引用しながら、資本主義体制における都市の限界性を指摘する。いかに当世風に見えたからといえ、都市の企業家や商売人は物象化された現在と同じレベル(al pari)でめまぐるしく活動しているにすぎず、決して時代を凌駕する超同時代のなかに位置しているわけではない。資本主義の先進性とは、あくまでも、未完の状態であり、その意味でまさしく過渡期の空洞のなかで絶えず漆喰を塗りつづけ、完成を先へ先へと延ばす工事のようなものだ、とブロッホはいう。むしろ、そうした資本の無政府的な自己運動の純粋な姿が、一九二〇年代の世界都市ベルリンのなかに見出されていたことを、彼は報告したかったのだ。では、相対的安定期のベルリンで都市生活者たちは、どのような仕方で、時を忘れていたのだろうか。

V　気散じと陶酔

ジークフリート・クラカウアーは、『フランクフルト・ツァイトゥンク』のフユトン欄に、大都市生活の様相をルポルタージュした記事を連載し、『サラリーマン（Die Angestellten）』（邦訳　法政大学出版局）と題して刊行した。一九二九年のことだ。ブロッホは、ただちに好意的な書評を書いた。『この時代の遺産』のなかの「人為的な中間層」という短文がそれだ。ブロッホは、クラカウアーがサラリーマン自身の抱いている虚偽意識を「ある種の醒めた多彩さをともな」う、「刺すように鋭い視線を向けながら」つかまえていると規定したことを評価する。第一次大戦後、労働者は二倍しか増えなかったのに、サラリーマンは五倍も増えた。事実上、サラリーマンはプロレタリア化したにもかかわらず、彼らは自分たちをブルジョワ中間層だと信じている。「昼間は襟（カラー）のなかで、晩はかれらのために特別に設定される安上がりの楽しみのなかで、かれらは自分が市民であると感じる」。この「新しい細民」、「気のそらされた細民」の気散じ場所は、カフェ、映画、大衆娯楽文化の中心地ルナ・パークだった。ワイマール文化の輝かしい達成は、巨大な闇を背後にしながら存在していたことを忘れるべきではない。ブロッホは、「光が多ければ、闇を濃くするのに役立つ」と、シニカルに注記する。「人為的な中間層」には引用されていないが、『サラリーマン』に印象的な一文がある。「ルナ・パークでは晩にときたまベンガルライトで照らしだされた噴水が観覧に供される。つぎつぎと形のかわる光の束が赤く黄色く緑色に闇にとぶ。光が消えれば、それが数本の水管でできた哀れな軟骨組織の手品だとわかる。噴水はおおくのサラリーマンの人生に似ている。みすぼらしさから気散じにのがれ、ベンガルライトを浴び、その源水を忘れて夜の虚空に飛び散る」（神崎巌訳）。こうした「気散じ」への問題意識は、ヴァルター・ベンヤミンにも見られる。『パサージュ論』（今村仁司他訳、岩波書店）には、以下のような文章がある。

無為は気晴らしもしくは娯楽（アミーズメント）の前段階と考えることができる。無為は、任意の順序で起きるセンセーションをひとりで楽しみ尽くそうとする気持ちにもとづいている。しかし、生産過程が大量生産を前面に出し始めると、「自由時間のある」人々の間には、働く人々から自己をはっきりと区別しようという欲求が生じ始めた。この欲求に即しているのが娯楽産業であった。

m草稿「無為」の一部分だが、ベンヤミンが十九世紀パリへ視線を向けていた基礎には、一九二〇年代ドイツへの深刻な反省があったことは、このような箇所からも容易に見て取ることができる。現実の生活から気をそらし、束の間の陶酔に身をゆだねていたサラリーマンたちは、真っ先にナチの毒に染まってしまった。非日常の陶酔から、陶酔の日常化までは、ほんの数歩の距離しかなかったのだ。

VI 『西欧の没落』とルートヴィヒ・クラーゲス

「大ブルジョワ階級、即物性とモンタージュ」では、数多くの思想家が召喚され、彼らがナチズムという悪徳にどのような美徳をささげてきたか、このことが追及される。なかでも、『西欧の没落』の筆者オスヴァルト・シュペングラーについては、かなりのページ数を割いて批判的言及がなされている。ブロッホは、シュペングラーを「歴史の骨董屋」と規定する。シュペングラーの措定する諸文化圏とは、「そのときどきの文化の孤立した庭園」であり、自然によって「予め秩序づけられた」空間なのだ。ブロッホが怒りをこめて指摘しているとおり、バグダードもコルドバも、アラブという空間内に同一化され、文化の植物的盛衰のなかで、自然史博物館に置かれた陳列物のように標本化される。個々の文化の時間的な発展などは、一顧だにされない。文化の発芽から凋落に至る、生命的自然の他にいかなる内的時間も存在しない。あらゆる文化は同一の運命の道をたどるしかない。これは、歴史の弁証法の破壊であり、諸文化に内在する独自の発展的契機の無視であると、ブロッホは極論する。後に、第二次大戦後の東ドイツで、壮大な哲学史の講義を行なった（『ライプチヒ大学・哲学史講義』全四冊として公刊されている。そのなかでは、イスラム思想にあった唯物論的契機がルネサンスの先駆として積極的に評価されている）ブロッホとしては、自然史博物館の学芸員よろしく、人類の文明をことごとく「観相学」的な方法で整理してしまうシュペングラーのやり方は、腹にすえかねるものだったのだろう。一九三二年に、『決断の年』と題した書物を、シュペングラーは公にするが、ブロッホは、『決断の年』に見られる「生命主義の布告」に、セシル・ローズのような「むきだしの猛獣」あるいは「熱い血をもった鰐」の姿を読み取る。それは、まさしく「殺人の芸術のための芸術（ラール・プール・ラール）」だった。

もうひとつ、ブロッホが眼を向ける思想家に、クラーゲスがいる。ブロッホは、クラーゲスが性格や筆跡についての注意深い研究をしてきたことに一定の評価を与えるが、その研究のたどりついたところ、「見出された城」が時代のなかにあるのではなく、「有史以前の過去」「洪積世」に向けられていたことを問題にする。クラーゲスによれば、今日の人間は、有史以来、意思と悟性によって破壊され飼育されてきた成れの果ての存在でしかない。意識の目覚めは病であり、「精神は灰色の大脳皮質の肥大なのである」。クラーゲスは、原始の人々こそ、完全で本源的な人間だったとする。有史以前の根源的な人間の魂こそ、あるべき人間の姿だったと主張する。歴史が始まると、意識が魂を抑制し、生命的自然を解体し、利己心と自我意識が占有する精神が歩き始める。生のいきいきと脈打つ泉から、無限に遠ざかり、生の全体性に背反した、「魂に敵対する精神」の生きる近代の大都会は、「一万年におよぶ本能破壊のむくいなのである」。このようなクラーゲスの所論のなかに、ブロッホは、現代人の「不安」や「憂慮」のかわりに「生」を示したとして評価するが、それはあくまでも消極的なものでしかない。こうした「洪積世へのロマン主義」とでも称すべき「生の全体性への無限なる憧憬」が、世紀転換期のミュンヘンで、ユーゲントシュティルのカーニヴァルのなかで夢見られていた時は、さほど有害なものではなかったかもしれないが、ワンダーフォーゲルのようなドイツ青年運動に影響を与え、汎ゲルマン主義のもつ「神話的原初」への回帰という魂のディオニュソス的熱狂と結びつく、この事態をブロッホは批判したかったのであろう。過去への退行は現実からの逃避から生じる。そして、気散じが熱狂に転化するのはたやすいことなのだ。

Ⅶ　オカルティズムと人智学

「ほとんどのものたちの日常は、以前よりもさらに索漠としている」、「オカルト的な空想と異教主義」と題する節（「総括的過渡」の節のあとにくる）は、このような書き出しで始まっている。一世代前のペシミストたちは、時代の雰囲気に満足している偽善者的俗物だった。しかし、世紀転換期に青春を迎えた若者たちにとって、もとよりブロッホもそうなのだが、前世代の教養俗物たちを満足させていた「科学万能」と「芸術の慰め」は通用しない。若者たちの直面した虚無の恐ろしさをやわらげるために、空想がまったくのオカルトとして再び戻ってきたのだ。もとより、オカルトという疑わしい夢に身をゆだねるのは、あるひとつの虚無から別の虚無へ逃避したことにしかならないのだが、オカルト的迷信は科学批判の衣装をまとって現われてくる。ハンス・ヘルビンガーの大氷河説にしても、エドガー・ダケーの「ジークフリート＝恐竜」説にしても、とてつもない妄想でしかないものが、もっともらしい科学的な仕掛けをほどこして立ち現われ、小市民階級の黙示録的気分に拠り所を与えている。ブロッホは、こうした先史的非合理性のなかに、市民的世界像の弱体化もしくは市民的空虚さの穴埋め現象を見る。多様な迷信の残骸は、後期資本主義の発酵要素であり、「奇跡」という飛躍に望みをかける期待はファシズムにとって有用であり、オカルト的亡霊は市民階級のファシズム化に帰結すると断定される。

このように要約してしまうと、ブロッホのオカルト批判はルカーチの『理性の破壊』(邦訳 白水社)のような手厳しい非合理思想批判と同レベルのものに見えてしまうかもしれない。しかし、ルカーチに比して、ブロッホにはやや異なる側面がある。それは、ルドルフ・シュタイナーの人智学に触れたくだりに見ることができる。もとより、ブロッホが人智学が肯定的に評価しているわけではないのだが、神智学や人智学のグロテスクな教えのうえにも、そのグロテスクさをも明示しようとする「真の有機的な世界自然の光」が差してくるのかもしれないといっている。そこのところに、ルカーチとは違うグノーシス的マルクス主義者ブロッホの本領があるといってよいかもしれない。ブロッホは、歳の市や通俗読み物を積極的に評価する視点から、シュタイナーの「大天使の思想のアウラとしての稲妻」なる言葉を、ダケーの「ジークフリート=恐竜」説よりも前向きなところがあるとする。これはブロッホのユートピア像とも関連するように思えるが、この点での言及は、いずれ機会を改めて、「生命論と神秘主義」の観点から行なうことにしたい。

Ⅷ 表現主義論争でのブロッホの主張

第二次大戦後に再刊された『この時代の遺産』では、大幅な増補がなされた。この増補のうち、いくつかの文章は、ドイツ共産党のアルフレート・クレラによって口火が切られた「表現主義論争」での論争文だ。一九三七年から一九三八年にかけて、『ダス・ヴォルト』誌上で行なわれた「表現主義論争」は、一九二〇年代のドイツでのアヴァンギャルド芸術運動をどのように評価するかをめぐってたたかわされた応酬であった。ツィーグラー（クレラの筆名）など、社会主義リアリズム論からの「表現主義はファシズムの先駆だった」という議論に、今日、耳を貸す必要はないだろうが、この論争でブロッホが何をいおうとしていたかをたどってみることは必要だと思う。

ブロッホは、表現主義の芸術運動がそれまで知られていた表現の枠をはるかに超えて、「抑圧されているものたちの夜のなかから、光を蒸留してとりだすことを、おそれぬものだった」とし、それがブルジョワ神話の枠内での反抗であったとしても、人間性の秘密に迫った冒険だったことを強調する。確かに、ナチズムはこの芸術運動の残余を利用したかもしれないが、それは残余でしかなかった。「表現主義の遺産はまだ絶えていない。なぜなら、それはまだまったく手をつけられてもいなかったからだ」と、ルカーチに反論するブロッホの信念に充ちた発言を思い起こす必要がある。ブロッホは、芸術運動としての表現主義ばかりでなく、モンタージュ理論、異化効果、さらにはシュルレアリスム運動を意識しつつ、この言葉を記した。とすれば、『この時代の遺産』という「遺産」は、まだ絶えてはいない、といいかえることもできるだろう。このことと、補足しあう問題として、アドルノの遺作『美の理論』（邦訳　河出書房新社）のなかの「モデルネ」概念がある。「モデルニテ」と「モダニスム」が複雑に錯綜しあっている、とても難解な書物なのだが、この解明には、どうしても「表現主義論争」への引証が必要になると思う。これも、今世紀の芸術運動の遺産を考える、重要な課題だろう。

Ⅸ　終りに

『この時代の遺産』の分析から、一九二〇年代ドイツの思想的意味を探ろうとして書き出されたのだが、ブロッホの魔術的な記述に幻惑されて、なんともしまりのない文章が書き上げられてしまった。『この時代の遺産』の遺した巨大な闇に分け入るには、少し装備が不十分だったようだ。ただ、ブロッホという異端的なマルクス主義者（ユルゲン・ハーバーマスは彼を「マルクス主義的シェリング」と呼んだことがある）の発想の一端は紹介しえたと思う。また、機会を改めて、今日の眼でブロッホの作品を読み直す作業をしてみたいものだ。

暗きエッセイスト・アドルノ

アドルノとは何者なのか?

この問いは一九六九年八月六日に死去した彼と、その前後に書物を通じてであれ、出逢った私の、今なお胸の裡で燻りつづけている問題である。

昨年（一九八六年）、彼の全集（後述するように、それは暫定的な著作集と呼ぶべきものだろう）が、全二十巻をもって一応完結した。しかしこの完結は、この全集の編者の一人であるロルフ・ティーデマンが第二十巻に付した編集後記にあるように、アドルノの業績の全貌を伝達する作業の完結を意味してはいない。以前からその刊行が待たれていた彼の遺稿『ベートーベン——音楽の哲学』（それは『楽興の時』に収められた「ベートーベンの晩年様式」の直接的延長上にある重大な論稿である）は、後続の著作集の第一部「遺された著作の断片」の第一巻に位置しているが、私はこの後続著作集の規模の大きさに驚愕したといってよい。

この後続の著作集は、先に記した『ベートーベン』を始めとする音楽関係の遺稿三巻を別として、『哲学日記』と題された五巻分の日記、一巻分の詩作上の試み、十六巻にのぼる講義録、二巻分の即興講演、三巻分の発言、討論、インタビュー、そして書簡集の巻数は未定とある。これまでの全集二十巻をはるかに上まわる三十巻前後の後続著作集の公刊が予定されているのだ。昨年完結した現行の全集が『美の理論』の刊行で始まったのは一九七〇年だったから、その完結まで十六年を要したことになる。公刊されている著作を主要部分としたこの全集ですら、これだけの歳月を要したことを考えれば、後続の著作集の刊行にどれだけの時間を要するか、それは昨今の目まぐるしいこの国における思想モードの転変から見ると、想像だに不可能な超時間的長さを予想するしかないように思える。しかも、この著作集の刊行の後に、ようやく批判版全集（クリティイッシュ・アウフガーベ）の刊行が予定されていると、ティーデマンは明記する。それは一九八五年にハンブルクに創設された「テオドール・W・アドルノ・アルヒーフ」の手によって行なわれるという。

アドルノとは、いったい何者なのか？

この問いはこうした事情の下に、否応なく暫定的なものたらざるを得ない。けれども、そうした文献上の制約を考慮の外に置いたとしても、いいかえれば与えられた彼の作品のみを前にしたとしても、絶えずこの問いは起こってくる。全二十巻の総目次をめくりつつ、いくつかの作品を想起すると、彼をどのような著作家として遇すればよいのか、誰でも戸惑うに違いない。ここでその細部にわたって詳論するつもりはないが、『否定弁証法』は哲学のジャンルに収まりきれない否定性の言説を内包していたし、また『美の理論』は従来の美学のもつ概念の枠組みそのものを侮蔑しかねない冷徹な視線で記述されていた。『否定弁証法』を哲学に、『美の理論』を美学に、こうした後人の腑分けは、まさしく死せるアドルノの死体解剖以外の何物でもない。自己のしかあることしか可能でない認識の平面において、先学との出逢いの意味を確かめようとする、これはその先学の後世を生きる者の詮方なき所業とはいえ、その対象がアドルノである以上、彼が為してきた思索の実質とは程遠い、むしろ彼の志向とまさしく対蹠的な点で、彼を論ずるという過誤を行なうことになるのではなかろうか。

かつて、この国にも今日では信じられないような、束の間の激動があった。その時代、この激動との距離を納得のゆく形で整理し切れなかった私にとって、アドルノの議論は思いだにしない虚の一点を突いたかに思えた。従来の実証主義的学問の空隙を国家権力の強圧によって、辛くも維持しようとしつつ狂奔したアカデミズム。その足掻きを冷笑しながらも、それに代わる定立(テーゼ)を用意し得ない自己のもどかしさ。そうした時代においで、アドルノと出逢ってしまったことが幸なのか不幸なのか、今だに判断することができずにいる。

いま、あの時代の記憶をことごとく払拭し、復活したかに見えるアカデミズム。その制度的に仕組まれたジャンル分けのなかで、アドルノをもう一度埋葬すること。そんな茶番劇には加わりたくはない。彼の物静かではあるが、強靱な否定のエネルギーはそのような儀式において魂鎮めし得るようなものではないからだ。「アウシュヴィッツ以後、詩を書くことは野蛮である」(『プリズメン』)という、あまりにも有名になってしまった彼の言葉は、啓蒙の背後に寄り添う不可避な暴力の現存を告知している。

アドルノとは何者だったのか？

かつて、アナトール・フランスは、『エピクロスの園』に入っている〈人生〉という一文で、年老いた女の老醜について嘆きつつ、男女の愛の本来的形姿を蝶の変態のなかに類比した。地上の汚濁を幼虫の形において甘受し、死ぬ直前に生存のための胃すら持たず交尾して死に果てる蝶の、生における最後の青春のあり方に、A・フランスは自己の造物主（デーミウルゴス）としての創造的決断を夢見たのである。

『社会科学の論理――ドイツ社会学における実証主義論争』が訳出された際（城塚登他訳、河出書房新社）、書評の一節に記した文章だが、これを書いた時に念頭にあったのは『ミニマ・モラリア――傷ついた生活裡の省察』（三光長治訳、法政大学出版局）の第48節「アナトール・フランスのために」だった。「物に感じやすくて、日常のごくありふれた目だたぬもののなかにも美を発見し、そこに喜びを見出すというのはひとつの美徳であるが、そうした美徳にさえいかがわしい点が目につくようになった」と書き起こされるこのアフォリズムは、アドルノにおける思索のモティーフを謎めいた形ではあるが、簡潔に表明している。「何もかも美しいと思う人は、悪くすると何ひとつ美しいものはないと思うようになる。美の普遍的な面は個別的なものに取りつかれることによってのみ主体に伝わってくるのである」。しかし、現実はこうした「存在者を正当に扱う」、「存在するものをあるがままの一面性において受け取る」ことを認めはしない。「そうした一面性が外から持ち込まれた普遍的なものの意識によって廃棄され、個別的なものがその安らぎを乱され、他のものと比較されたり、他のものに置き換えられる場合、そうやって全体をあまねく見渡すそれなりに公正な目は、やすやすと交換や置換が行なわれているという事実そのものに現われた世にあまねき不正をわがものにしてしまっているのである」。

美に対する個別的なもののもつ一面性が普遍的なものの意識によって廃棄される事態、ここにアドルノは「公正さの被造物についての神話の執行者」を見る。しかし、一方、その彼がこの後で次のように言いそえていることを忘れるべきではない。「いかなる思想もそうした関連の網を逃れられないし、狭い視野のなかに閉じ込もることなど許されぬであろう。しかし、一切は（個別的なものから一般的なものへの）移行の仕方にかかって」おり、「禍の源は、強引に移行の道程を切り詰める暴力としての思想である」。

とはいっても、アドルノは個体が普遍的なものへ至る道程そのものを否定するのではない。個体の不透過性に宿るものこそ、普遍的なものの内実なのであり、それはさまざまな対象の一致からではなく、むしろ個体の不透過性そのものに存在する。ここにアドルノのユニークな真理基準が説かれることになる。「個別的なものにかかずらうさいのテンポと忍耐と根気には真理そのものがかかっているのだ」と。

こうしたくだりから、神話と啓蒙のひそやかな共犯関係を摘出し、啓蒙の神話への反転を論じた『啓蒙の弁証法』の議論と同質なものを発見することは容易である。さらにいえば、アドルノがヘーゲルの思考のなかに見出す「けっして無くすことのできない非同一的なもの」の救済を意図する背景を理解することも可能である。

「存在するものをあるがままの一面性において受け取る」、この執拗な方法態度はアドルノの全生涯にわたって一貫しているとみてよい。この個別的なものにこだわる姿勢はどこに由来するものなのだろうか。私にはここにアドルノの思索を解く鍵のひとつが存在しているように思われる。

この点で、アドルノが若きルカーチやベンヤミンとともに、十九世紀末からベル・エポックにかけての審美主義批評に大きな影響を受けていることを見逃すべきではあるまい。審美主義批評の鼻祖と目されるペーターの『ルネサンス』(富士川義之訳、白水社)の冒頭にこんな一節がある。

美は、人間の経験に与えられた他のすべての性質と同様、相対的なものであり、そうした定義は、抽象的であればあるほど、無意味、かつ無用となる。美を抽象的にではなく可能な限り具体的な言葉で定義すること、普遍的に適用できる定式ではなく、むしろ個々の特有な表われ方を最も適確に表現する定式を見出すこと、これこそが真の審美主義者の目的にほかならない。

この主張はルドルフ・カースナーやホーフマンスタールを経て、アドルノまで木霊していると考えてもよいように思う。

全集第十一巻の冒頭に収録されているアドルノの「形式としてのエッセー」(『文学ノート』三光長治他訳、イザラ書房)は、若きルカーチの『魂と形式』とアドルノ自身の「本来性という隠語」なるハイデガー哲学への批判を軸に、アドルノ自身のエッセイへの省察を記した興味深い論稿である。

まず、アドルノは「エッセーがドイツでは雑種の所産として不評であること、納得するに足る形式の伝統を欠き、形式のきびしい要請をごくたまにしか充たさなかったことは、これまでにもしばしば指摘され、譴責(けんせき)されてきた」と書き出す。アドルノにとって、エッセイとは学問上の業績をあげることでも、芸術の創作に携わることでもない。エッセイにとって本質的なものは幸福と遊びなのだ。それ故に、エッセイは「関心のある話題から説き起こす。そのさい明らかになったことについて語り、一切を語り終えてからではなく、ここが潮だと感じたところで切り上げる」。それは余録の部類に属しているのだ。

しかしながら、余録であるエッセイは「暗黙のうちに、非同一性の意識を斟酌している。それはラジカリズムを標榜しないことにおいてラジカルであり、原理への還元を極力慎しみ、全体にたいして部分を強調する点において、断片的なものにおいて、ラジカルである」。この意味で、エッセイは近代の学問の論証体系とは明らかに背馳する。エッセイが目指すものは近代の学問の目論む無常なるものの裡に永遠なるものを探り出すことではなく、むしろ無常なるものの永遠化なのである。ここに、エッセイは非同一的なるものの所在を認め、同一的なるものの区分からしめ出されてしまったユートピア的なものの存在を告げるのである。「形式としてのエッセー」前半の結論にあたるところで、アドルノはエッセイの方法について言及しつつ、エッセイとユートピアの関連を次のように印象深く記している。

> エッセーが真実なものとなるのは、自らを乗りこえてすすむ前進の過程においてであり、宝捜しのために憑かれたように土台を掘りかえす発掘者の流儀には縁がない。エッセーの用いる概念にとっての光源は、エッセー自体にとってもかくされた到達点 terminus ad quem であって、あからさまな出発点 terminus a quo ではない。この点、エッセーの方法そのものがユートピアに

むかう志向をあらわしている。概念のすべてが持ちつ持たれつの関係において用いられ、それぞれが他の概念との配合Konfigurationenにおいて明確化されるという風でなければならない。相互の差異を念入りにきわ立たされた諸要素が寄り集り、全体として判読できるものとなる、つまりエッセーは、足場を組んで建築にかかるような行き方はしない。ところが配列された諸要素は運動を通じて結晶化する。配列は一つの力の場である。エッセーの眼光は、精神的な形成物をことごとく力の場に変えてしまうのである。

この一節には、アドルノ特有の語法がかなり明瞭にみて取れる。配合、結晶化、力の場、こうした言葉の使用法がアドルノの思索における最も重要なキーワードであることについては、三光長治氏の書物（『アドルノのテルミノロギー』法政大学出版局）やジェイの書物（『アドルノ』木田元他訳、岩波書店）を参照してもらえば、明瞭となるだろう。

アドルノがエッセイという形式に念じ込んだ望みがどれほど大きかったか、この点について理解することが最も重要なことのように思える。彼がユートピアや非同一的なるものの同一的なるものからの救済を語る時の難解さについては、誰しも口にするところだ。しかし、同一性を旨とする論証的な学問体系そのものを終始批判しつつ、その論証からこぼれ落ちてしまう非同一的なるものを救い出そうとすることは、まことに困難な仕事であったというべきであろう。

視点を変えて、こうした言い方をしてみた方がよいかもしれない。ある面において、アドルノは決して難解な著作家ではない。現行全集第十八―二十巻に収められている厖大な数の音楽作品論、演奏会批評、人物についての短評、さらには書評、そうしたフユトン（新聞・雑誌の学芸欄）に書かれた文章は、彼自身の豊かな才能を行間に迸らせてはいるものの、概して明晰な文章である。フユトニストとしてのアドルノがあえてエッセイという文体のスタイルを選び、思索営為のことごとくをそのスタイルで書き続けていった姿勢には、彼自身の自覚的選択があったに違いないと思う。

ここで、アドルノの著書に共通する活字の組み方、版面の構成の仕方について触れておくことは無駄ではあるまい。以前、ハーバーマスが『啓蒙の弁証法』の紙面構成について、「五〇ページを少し上回るひとつの論文、二つの補論と三つの附説から成り立ってい」て、「最後の三つの附説だけで、本文の半分以上を占めている」と指摘していた（「神話と啓蒙の両義性――『啓蒙の弁証法』再読」三島憲一訳、論集『現代文明の危機と時代の精神』所収、岩波書店）。しかし、アドルノの著書に一貫するスタイルは『啓蒙の弁証法』に見られる特異な紙面構成ばかりではない。『三つのヘーゲル研究』（渡辺祐邦訳、河出書房新社）が出たとき、書評のなかで書いたことなのだが、本文はエッセイ・スタイルのベタ組みでえんえんと続いている。その本文をイタリック体の序文とローマン体の附記が狭みこんでいる形式になっている。改行すら一ページにあるかないかで、もとより節分けなどまったくなされていない。こうしたスタイルは『否定弁証法』や『美の理論』にも一貫している。ここに、アドルノがエッセイの形式に固執する姿勢が表われているように思う。

エッセイという不定形な形式にこだわり続けたアドルノはまた、先の引用にもある通り、「物に感じやすくて、日常のごくありふれた目だたぬもののなかにも美を発見」する人でもあった。この意味で、マーティン・ジェイが『アドルノ』（木田元他訳、岩波書店）の「1　ある傷ついた生活」の冒頭で語っているアドルノの観相学はきわめて示唆的である。ジェイはズールカンプ書店が宣伝用に用いる、よく知られたアドルノの横顔写真を念頭に置いて論じているのだが、その写真のなかでアドルノは「左の方を向いた横顔を見せ、どぎついライトが前額部と一方の輪郭だけを照らし出している」。写真そのものが眉の上ほぼ二インチでカットされているために、「われわれの注意はいやでも彼の顔に浮かぶ物悲しげな表情に惹きつけられることになる」。ジェイはその写真から受け取られる印象を次のように記している。

> その唇は力なく、ほとんど気づかれないほどかすかに開かれ、明らかに渇ききっている。こちらがわに見える眼は瞼が重く垂れ、その凝視は内面に向けられている。……まったく自分の思いにとらわれて、我にかえる気配もない。この写真の産み出す相乗効果は強烈であり、抑えられた悲しみのなかで、おのれの人生の言うに言われぬかずかずの恐怖に想いをひそめている一人の男の姿をわれわれに示している。

ジェイ自身はこうした記述を終えるにあたって、アドルノ自身のベケット論の一節「どれほど涙を流してみても、鎧を溶かすことはできない。涙の乾いた顔が残るだけなのだ」という言葉を贈っているのだが、私自身もこうしたアドルノの憂愁に満ちた暗い人（スコティノス）の相貌に共感を抱かずにはいられない。

アドルノとは哲学者、美学者、音楽学者、社会学者といった個別科学の研究に従事する研究者であるよりも以前に、今世紀を生きた卓抜なエッセイストだったように思える。彼の仕事のいっさいはエッセイという形式の裡に包摂し得る、と言っても差しつかえあるまい。

〔付論1〕ホルクハイマー／アドルノ『啓蒙の弁証法――哲学的断想』（徳永恂訳、岩波書店）書評

『啓蒙の弁証法』がようやく訳出・刊行された。訳書を手に取ると、多少の感慨がないわけではない。この書物の存在を知ったのは、一九六八年に始まる学生叛乱のさなかだった。当時、フィッシャー書店の新版はまだ入手しておらず、ドイツの学生たちが作成したアムステルダム・クヴェリイドの初版海賊版を見せてもらった覚えがある。もとより、ボルケナウの『ファシズムの社会学』をやっとのことで訳しているくらいのドイツ語の学力で、この書物の超難解な原文がどれほど了解できたか、うそ寒い理解だったと思う。けれども、「啓蒙は、現代に奉仕して、大衆に対する全体的な欺瞞へと転身する」という啓蒙の神話への反転を剔出したこの書物のテーゼに、当時、深い衝撃を受けたのは確かだ。

近代合理主義思潮に対する、あまりに情念的な異議申し立てが周辺で喧騒を極めていたその頃、あえて、その情況から精神のバランスを保持するために、私は代数学とフッサール現象学を学んでいた。たとえ、合理主義的な支配に対する非合理主義的情念に基づく叛乱が束の間のコミューンを現前させたとしても、それがいったい何を意味するのか、自分にはとても答えようもない大いなる疑問であった。この書物はこうした疑いに思いもかけない方向から光を投げかけてきた。「サドとニーチェは、

外ならぬ進歩主義者たちの憎悪を買い、今日もなお迫害されている。サドとニーチェは、論理実証主義とは異った仕方で、科学の言うことに信頼を寄せようとした。彼らが論理実証主義以上に決然と理性に固執することには、カントの理性概念ばかりでなく、あらゆる偉大な哲学に含まれているユートピアを、その殻から解放しようとするひそかな意味が秘められている。すなわちそれは、もはや自らに歪みを持たないために、何ものをももはや歪める必要のない人間性のユートピアである」。

カントとサド、ニーチェを引き合いに出して論じられた自然と人間の宥和への希望は、この書物全体があまりにも暗いトーンに満ち満ちていたが故にいっそう輝いて見えた。今にして考えると、そこに近代市民社会と官僚制社会主義、両者を貫通する物象化の支配を超えるユートピアへの仄かな希求を読み取っていたと思い返される。

ホルクハイマーとアドルノが一九三九年秋から四四年春までに共同討議をしつつ書かれたこの書物は、その時代背景を考慮すればフランクフルト学派にとって最も暗い時代の産物といえるかもしれない。しかし、この書物の暗さは時代の暗さにつきるものではない。ワイマール共和政が何故にナチズムの前に崩れ去ってしまったかという故国での体験、さらに高度資本主義の頂点へ向かって歩み始めたアメリカでの亡命者としての体験、この二つの体験を踏まえたうえで、彼らは西欧文明の終末を視座におさめつつ、この書物を書いた。いわば、啓蒙という人類史的過程を貫く文明化の過程が、破局においてどうして野蛮状態へ落ち込んでいくのか、この問いこそ本書のライトモティーフに他ならない。

ハーバーマスは「神話と啓蒙の両義性――『啓蒙の弁証法』再読」（『近代の哲学的ディスクルス』所収）

のなかで、この書物を奇妙な（merkwürdig）な書物と呼んでいる。彼がこうした言葉を用いた理由はグレーテル・アドルノの書きつけをもとにしたという本書の作成事情、あるいは「啓蒙の概念」という一篇の論文に二つの補論と三つの付説が付いているという特殊な書物の構成、その二つの理由からのようだが、「叙述の仕方がどちらかといえば全体の見通しをつけにくくしている形であるために、一読した限りでは、彼らの思考の筋道の明確な構造を認識し難い」とする彼の論定はやや疑問である。この書物の構成は著者たちの考え抜かれた結果のものに思えるからだ。『啓蒙の弁証法』は、まず序文において、「精神が固定化されて文化財となり消費目的に引き渡されるところでは、精神は消失せざるをえない。精細な情報とどぎつい娯楽の氾濫は、人間を利口にすると同時に白痴化する」という人間の自然への頽落を問題とする。それに続く「啓蒙の概念」では、人間から恐怖を除いて人間を支配者の地位につけるという啓蒙の目標が、逆に現代に奉仕して大衆に対する全体的な欺瞞に転身してしまった経緯が論究され、補論Ⅰ「オデュッセウスあるいは神話と啓蒙」においては「すでに神話は啓蒙である」というテーゼがホメロスの作品を通して語られる。補論Ⅱ「ジュリエットあるいは啓蒙と道徳」では「啓蒙は神話に退化する」というテーゼがサドやニーチェによりつつ論証されている。

このあとの「文化産業――大衆欺瞞としての啓蒙」と「反ユダヤ主義の諸要素――啓蒙の限界」では、前者において映画やラジオというメディアが全体としての啓蒙過程の核心である言語の非神話化を目指しながら、逆に魔術へと逆転する実例が挙げられる。後者では、啓蒙された文明が現実には未開・野蛮へと復帰するという啓蒙の自己破滅的傾向を反ユダヤ思想において実証しようとする。「文明によって片づけられた原始時代のあらゆる恐怖が、ユダヤ人へ投射されることによって合理的関心として蘇るとすれば、それはもはや止まるところを知らない」。

アドルノとホルクハイマーは、このような論証を積み重ねつつ、「ファシズムにおいて極まる文明化された人間の際限なきリアリズムは、自然を荒廃させる（entvölkern）ことによって、ついには人々自身を荒廃させるようなパラノイア的狂気の一特殊例なのだ」と断定した。訳者も「あとがき」で指摘しているように、この書物は体系的叙述の形式を自覚的に斥けるアドルノが「相互に写し合う六枚の鏡」のように配置した結果、このような体裁をとったと考えたほうが、私には分かりやすい。

公刊後半世紀も経つ書物がいま訳出されたことを時宜を得たというのは、普通なら時代錯誤の妄言となるはずだ。しかし、この書物に限っていえば、あえて私はこの妄言を振りかざしたいと思う。試みに「文化産業」のいくつかを引用してみよう。

「芸術の商品性格そのもののうちに、ある変化が起こってくる。芸術が商品という性格を持つことが新しいことなのではない。それが今さらめかしくわざわざ告白されることが目新しいだけであり、芸術がそれに固有の自律性を捨てることを誓って、誇らしげに消費材の下に自分を組み入れることが、新しさの魅力になっているのである」。

「今や芸述作品の文化財への下落を防ぐ最後の歯止めさえ抜け落ちてしまった」。

このような文章を読むとき、この批判がどこへ向けられているか、一目瞭然である。晩期資本主義社会における芸術や知の大量消費は、まさしく『啓蒙の弁証法』の語った通りに行なわれている。こうした文化産業批判の筆鋒の鋭さに読む者は戦慄を覚えるはずだ。

先に記した論文の冒頭で、ハーバーマスはホルクハイマーとアドルノが『啓蒙の弁証法』において試みたことは「概念のもつ問題解決能力になんの希望も抱くことができなくなっ」たにもかかわらず、「希望なき希望」というベンヤミンのイロニーにのっとった概念の労働であったことを指摘する。そして、「こうした気分、こうした態度は、もはやわれわれのそれではない」ときめつけた。

私はむしろ逆に、今こそこの書物のもつ仮借なき批判が生きる時代だと思う。「今日ではどのような芸述作品も空中の楼閣にすぎないため、それ自体からして破滅する運命にある」。これはアドルノの遺著『美の理論』の一節だが、高度消費社会に生きる私たちにとって、この断定は日々のこばむべくもない現実であろう。アドルノが『啓蒙の弁証法』を共著で刊行した後に営為し続けた「限定された否定」は今日のごとき知的窮乏の時代にこそ、意味あるものなのだ。たとえ、その「現実を超え出て行く契機」が物象化のきわみにおいて、こなごなに砕かれようとも、その零たれた破片にひそむ非同一性の輝きを見失わないことが枢要である。

〔付論2〕 アドルノ『否定弁証法』（木田元・徳永恂他訳、作品社） 書評

T・W・アドルノの哲学上の主著『否定弁証法』が、ようやく訳出・刊行された。これまで、アドルノの著作が訳出・刊行されるたびに、「やっと」とか「ようやく」という言葉をつけた書評を書いてきた覚えがあるのだが、今度ばかりは何とも感無量の想いがある。一九六六年に西ドイツで刊行された原著を購入したのは、一九七〇年頃だった。フィッシャー書店から、『啓蒙の弁証法』の新版が

刊行されたのが一九六九年だったから、『啓蒙の弁証法』と『否定弁証法』を相次いで買い求めたことになる。ただ、アドルノの書物くらい、買ったことと読んだことが乖離しているものはないだろう。読もうとしても、およそ読めないのだ。一九七三年に、英訳が刊行されたので、少しは役に立つかもしれないと期待していたのだが、この英訳版も「翻訳不可能なものを翻訳する（トランスレイティング・オブ・アントランスレイタブル）」ようなもので、サポート役にはならなかった。今回の訳者の木田元氏による「訳者あとがき」で、一九七〇年頃、『否定弁証法』の訳にとりかかられた故生松敬三氏と木田氏がアドルノのドイツ語の難解さに悪戦苦闘した経緯が記されているのを読んで、読めなかったのは私一人ではなかったことを知り、いささか安堵した。爾来、四半世紀余の訳業の末、『否定弁証法』が公刊されたわけだ。この間、『啓蒙の弁証法』は岩波書店から（一九九〇年）、『否定弁証法』に先行するフッサール批判の書物『認識論のメタクリティーク』は法政大学出版局から（一九九五年）、そしてハイデガー批判の補足の『本来性という隠語』は未來社から（一九九二年）、ヘーゲル批判の補足『三つのヘーゲル研究』と絶筆の『美の理論』は河出書房新社から（一九八六年、一九八五年）刊行された。第二次大戦後のアドルノの哲学的思索は、要石ともいうべき『否定弁証法』の訳出によって、ようやく完成した。

『否定弁証法』は、全体の七分の一弱を占める長大な「序論」、ハイデガー批判の「存在論との関係」、「疎外」と「物象化」の概念的批判を目指す「否定弁証法　概念とカテゴリー」、そして「いくつかのモデル」の三部に分けられている。第三部の「いくつかのモデル」は、「自由――実践理性批判へのメタ批判」と題されるカント批判と「世界精神と自然史――ヘーゲルへの補説」というヘーゲル批判、それに「形而上学についての省察」で構成されている。自らの叙述のスタイルをエッセイの形式で書き続けようとするアドルノにとって、哲学体系への批判もその例外ではない。『否定弁証法』は、長短さまざまなエッセイが蜿々と続くスタイルで記述されている。それ故、論旨の要約は不可能に近い。翻訳の困難さも、この文体に起因している。と、書いていても仕方ないので、『否定弁証法』におけるアドルノの思考の一端を、最終章「形而上学についての省察」の一部を紹介しつつ、考えてみることにしよう。

アドルノは、有名な「アウシュヴィッツ以後、詩を書くことは野蛮である」（「文化批判と社会」、ちくま文庫『プリズメン』所収）を念頭に置きつつ、今日ではわれわれの生存が肯定的であるという主張は、収容所で虐殺された犠牲者に対してあまりにも不当な行為であり、「単なるおしゃべり」でしかないと言い切る。何百万もの管理された死の後を生きるわれわれにとって、個人の死は最もうらわびしいものにされてしまった。個人の死という「尊厳さ」すら、ことごとく収奪されてしまった管理社会にあって、「形而上学に何が可能なのか」。「現にある社会は強制収容所のようなものである」と断言するアドルノに、徹底したペシミズムを読み取ることは容易だ。しかし、彼はそうした峻厳な時代批判のうえに、あくまでもネガティヴな弁証法の限定的使用を通じて、非同一なものに眼を向けようとする。現代社会の深層に広がる魂の廃墟を直視した後のアドルノのまなざしが、意外に澄んだものだったことを、『否定弁証法』を読んだ読者は悟らされるに違いない。

［付論3］　アドルノ『ベートーヴェン——音楽の哲学』（大久保健治訳、作品社）書評

アドルノは、音楽批評家でもあった。この言い方は正しくない。確かに、彼はフランクフルト大学のコルネリウスのもとで、「フッサール論」の博士論文を書いたが、一九二〇年代後半の彼はベルクの弟子で、間違いなく尖鋭的な前衛音楽の批評家だった。ある不幸な偶然から、アドルノは『キルケゴール論』で教授資格を取得し、フランクフルト大学の私講師に就任する。哲学者・社会学者としての彼の学問的な人生が始まったのは、この時からと言ってよい。しかし、彼は音楽に関する著述を止めたわけではない。ズールカンプ書店刊行の全集で、二十巻のうち八冊余りが音楽関係の著作だ。アドルノの全生涯を通じて、音楽への関心は途絶えることはなかった。

今回訳出された『ベートーヴェン——音楽の哲学』は、アドルノの遺稿を編纂したものだ。彼は『ワーグナー試論』に続いて、この論稿を計画したのだが、完成することができなかった。没後の刊行という点で、『美の理論』と似ているように思われるかもしれないが、編纂者のディーデマンが注意しているように、『美の理論』が決定稿作成の最終過程で中断されたものであるのに対して、『ベートーヴェン』は、一九三八年から死の三年前の一九六六年まで、著書を書くために残した自分用のメモの集積でしかない。「小さな断章」を秩序づけ、アドルノのプランを予測しつつ、一冊の書物としてまとめ上げた編纂者の労苦に、まずは感謝すべきであろう。

これまで、公刊されていなかったにもかかわらず、『ベートーヴェン』草稿の存在は有名だった。トーマス・マンが「ファウストゥス博士の成立」のなかで、アドルノの原稿を読み、『ファウストゥス博士』のなかに生かしていることを明言していた。これまでは、ベートーヴェンに関してアドルノがどのように考えていたのかは、いくつかの論文と他の著作でのベートーヴェンへの言及から推測するしかなかった。この意味で、『ベートーヴェン』刊行の意義は大きい。

通読すれば、容易にわかるように、本書はまごうかたなく、「否定の弁証家」アドルノのベートーヴェン論である。一七七〇年、同年生まれのヘーゲルとベートーヴェンが、その精神の質において同一なものを含んでいたことを、この書物は論証しようとする。「ベートーヴェンにおいては、主題と主題との間で媒介が行なわれているのではなく、ヘーゲルの場合のように、全体は純粋な生成として、それ自体が具体的な媒体なのだ」。こうした文章が無数に書き遺されている。市民社会の実現を音楽と哲学という二面で作品のなかに刻みこもうとした二人の巨人を、そのどちらにも偏することなく見極めようとしたアドルノの超人的な思索の姿は、読んでいて感動的だ。音楽も哲学も、人間の精神が創造する作品なのである。

「ハイデガーとナチズム」問題の所在

はじめに

一九八七年の秋にパリで刊行されたヴィクトル・ファリアスの『ハイデガーとナチズム』のフランス語訳(1)は、発売と同時にフランス思想界を論争の坩堝に叩き込んだ。ファリアスの書物が出版されて間もなく刊行されたジャック・デリダの二著作、『プシュケー』と『エスプリについて(2)』がナチズム体制下のハイデガーの思索について言及していることも、パリでの「ハイデガーとナチズム」問題への関心を高める大きな役割を果たしたようである。

当初、この問題をやや当惑気味に受けとめていたかに見える西ドイツでも、一九八八年末には『ハイデガー問題(3)』と題された、ファリアスの問題提起に応える独仏思想家の新聞や雑誌の寄稿を集めた書物が刊行され、今年〔一九八九年〕の年頭にはようやくファリアスのドイツ語版(4)が「ハイデガー——業績と世界観」と題されたユルゲン・ハーバーマスの序文入りで出版された。

日本では、『現代思想』一九八八年三月号が「ファシズム——精神の宿命」と題した特集号を刊行したが、それ以外にはこの問題に関する書物の刊行はまだなされていない。

西ドイツでは昨秋フーゴ・オットの『マルティン・ハイデガー』と題する本格的な思想史研究の書物も刊行された[5]。オットはフライブルク大学の社会史の学究であり、ファリアスの議論と相対立する事実を盛り込んだこの書物は、今後、冷静に検討されるべき資料を数多く含んでいる。

ここでは、ファリアスやオット、そしてデリダの論点を逐一紹介することはやめ、「ハイデガーとナチズム」なる問題が、どうしていま、これほどまでの問題にフランスやドイツでなったのか、まずこの時代的背景を探ってみたい。さらに、この問題に関するこれまでの経緯について簡単に言及し、そのうえでこの問題がワイマール・ドイツからナチ・ドイツへの思想史にどのような視点を要請する議論なのかを考えてみよう。

フッサール現象学の見直し、構造主義諸思潮の紹介、ヌーベル・クリティクやデコンストラクションに関する文献の訳出、そしてポスト構造主義思想の紹介・訳出、一九六〇年代半ばより今日に至るまで、フランスを中心とする欧米思想の流入は枚挙にいとまがないほどである。ことにハイデガーに限っていえば、「哲学の終焉」にまつわる論議やニーチェ哲学との関連などで、とみに重要性が増しつつあるように見受けられる。が、いったい何が新しいのであろうか。欧米の思想動向を、それを形あらしめている背後の力への考察を抜きにして紹介していったとしても、どれだけの意味があるのだろうか。「ハイデガーとナチズム」問題にしても同断であると思う。この問題を単なるエピソードとして紹介するだけでは、おそらくこの問題もポスト構造主義の波頭の後に白くあわく浮かんだ傍流的討論として、この国ではすぐに忘れ去られてしまうのではないか。

そうしないためにも、この問題の背後を探る試みを少しばかり行なってみたいと思ったのだ。これが、かつて二〇年余りも前、「ハイデガーとナチズム」の問題に対し関心を持った[6]私の偽らざる感想であるし、こうした問題意識の下でのみ、この問題を本当に意識化する可能性が生じてくると考えている。

一　反ユダヤ主義の亡霊

昨秋、パリで行なわれたインタビュー[7]で、フィリップ・ラクー゠ラバルトは、「ハイデガーとナチズム」問題がきわめてフランス的問題であることを強調している。ラクー゠ラバルトにも『政治のフィクション』と題されたハイデガーの政治への加担をめぐる書物があり、最初はストラスブール大学出版局で刊行されたが、ファリアスの書物と相前後してパリで公刊された。

ラクー゠ラバルトは今回の「ハイデガーとナチズム」問題がフランスでの三度目の論争であることを注意しつつ、そのセンセーショナルな取り扱いの主たる原因が「ハイデガーをずばりナチズムに結びつけた」ところにあることを指摘している。過去二度の論争とは、一度目が第二次大戦直後の一九四六年、『レ・タン・モデルヌ』誌上で戦わされたものであり、二度目は一九六六年『クリティク』誌上で戦わされたものだ。ラクー゠ラバルトは当初ドイツでは出版が拒否されていたファリアスの書物がどうしてパリで訳出・公刊されたか、この問いについて次のように答えている。ハイデガーとナチズムを直接結びつけて論じることで生ずる知的衝撃、それはかつてヌーボー・フィロゾーフたちが全体主義の責任がマルクスの思想にあるとした議論と同じような戦略の下で行なわれつつあるという。今回の「ハイデガーとナチズム」問題が、まずフランスで、何よりもフランス的知の事情の下で起こったことに留意すべきであろう。

こうしたフランスにおける知の事情を側面から照らし出す好個の例証が存在する。ファリアスの書物の刊行と同年の一九八七年春、リヨンのローヌ県重罪裁判所での出来事、すなわち、一九四二年から四四年にかけ、ユダヤ人狩りの殺人鬼として恐れられていたクラウス・バルビーを告発する裁判である。(8) リヨンに派遣された一親衛隊中尉の所業に関する裁判が、どうして全フランスの耳目をそばだたせる事件になったのだろうか。

バルビー裁判はフランス人にとって、ナチ体制下の一親衛隊中尉のユダヤ人狩りを裁くための裁判ではなかった。むしろ、この裁判を通じて明瞭となったフランス人対ドイツ協力者の実態に、フランスの人びとは衝撃をうけた。レジスタンスの神話に蔽い隠されていた忌わしい歴史が、たとえ一部とはいえ白日の下に晒されたのだ。この裁判において、レジスタンスの英雄ジャン・ムーランの死をめぐる謎の解明は果たされなかったが、この裁判はバルビーがリヨンの行動隊を指揮していた時代、どれほど巧妙に自分の身辺へ有能なフランス人協力者を集結させ、彼らの持つ憎悪や嫉妬心、競争心を利用し、ユダヤ人狩りや対ドイツ抵抗者の抹殺に協力させていたか、この歴史を暴き出したのである。フランスの人びとはナチ・ドイツ占領下のフランスの歴史を対ドイツ・レジスタンスの神話の中に塗りこめて、忘れ去ろうとしてきた。バルビー裁判はこの忌わしい過去の悪霊を呼び戻したのである。

バルビー裁判を通じて明らかにされたフランス人自身の汚辱に満ちた過去、それは戦後にドイツ人やフランス人が忘れ去ろうとしていたナチズムの暗い記憶を呼び起こした。冷戦の時代、共産主義の脅威という政治宣伝の下で、西ドイツとフランスは相携えて経済の再建に努力してきた。しかし、一九六〇年代になると、ようやくナチズムの本性である「悪の日常化」（ハンナ・アーレント）が問題になってくる。「独裁者に盲従する狂気」はヒトラーもしくはナチ党指導部の天才的政治宣伝の結果だけではなかったのではないか。市井のごく普通の庶民がアウシュヴィッツに見られるようなユダヤ人の大量虐殺を行ない得た背景にある一種の無感覚さ、これはどうして生じてきたことなのか。このような問題が真剣に問われるようになった。先に言及したフランスでの二度目の「ハイデガーとナチズム」に関するやり取り（一九六六年）は、こうしたナチズム理解の転換のなかで生まれたものといってよいだろう。

この時に問題とされた「ハイデガーへの三つの攻撃[9]」（フランソワ・フェディエ）とは、グィド・シュネーベルガーの編集した『ハイデガー拾遺』（一九六二年）、テオドール・W・アドルノの『本来性という隠語』（一九六四年）、パウル・ヒュナーフェルトの『ハイデガー問題』（一九五九年）の三著作[10]であった。ジャン・P・ファーユの『ハイデガー拾遺』の訳出・紹介に対するフェディエの批判的言及で始まったこの論争は、今ではすっかり忘れ去られてしまったようだが、今日のファリアスの提起した問題の原型はほぼ提出されているように思われる。

ファリアスの問題提出がこの『クリティク』誌上で言及された三つの書物と異なる知的衝撃をパリで与えたとすれば、それは冒頭で言及したヌーボー・フィロゾーフたちの全体主義批判の知的文脈の延長線上で、ハイデガー批判が迎え入れられたことにある。

この間の事情を明瞭にするために、ラクー＝ラバルトとしばしば共同研究を行なっているジャン＝リュック・ナンシーの『無為の共同体』[11]と題するバタイユ論に触れてみたい。ナンシーはこの書物のなかで、バタイユが一九三三年九月に書いた「国家の問題」[12]を議論の出発点とする。バタイユによれば、ナチズム、ファシズム、それに対抗する反ファシズム勢力とスターリン主義、そのどれもが今世紀における国家の強大化という点では同質の傾向をもつものであり、ファシズムと反ファシズムという対立軸よりも、国家の強大化とそのなかで見捨てられていく人びと、この対立こそ焦眉の問題である、とされる。ナンシーはこの問題を、共同体（communauté）、共産主義（communisme）、そしてcommunicationの問題として考えて行くのだが、ナチス・ドイツについての次のような言明は興味深い。

たとえばナチス・ドイツの論理は、血と大地とを媒介した合一の外部にある下等人間、つまりは他者の絶滅の論理だというだけでなく、同時にまた「アーリア」共同体のうちで純粋な内在の諸基準を満たさないあらゆる構成要素を犠牲にする論理でもあり、従って——そのような基準は実際には確定しがたいので——この過程はそれらしく大胆に敷衍してみれば、ドイツ国民それ自体の自殺に行き着くことになるだろう[13]。

ナンシーは、近代における共同体の解体に眼を向ける。失われた共同体への郷愁、それは共同体への内在と親密さを希求する限り、その政治的かつ集団的な企ては死の論理を自己の真理としている。いいかえれば、失われた共同体へ融け込もうとする論理は、共同体の自殺の論理なのだ。

近代によって解体された共同体の、近代それ自体への報復、それがナチズム、ファシズム、スターリン主義という今世紀における国家の強大化を支えるイデオロギーのなかに存在したことを、ナンシーはルソー、ドイツ・ロマン主義、ヘーゲルなどを縦横にひもときつつ、立証してみせた。一九三三年にバタイユが直観した「国家の問題」とは、ナンシーによれば、このような問題であったのであり、ようやくいま、この問題がはっきりと論定されるようになったのだ。

かつてのヌーボー・フィロゾーフたちのマルクス主義批判、そして全体主義批判の線は、フランスにおけるマルクスの権威を失墜させた。この知的戦略が同じようにハイデガーへ適用されつつある面は、ラクー＝ラバルトの指摘するように、パリでは存在しているかもしれない。しかし、そうした安易な知的戦略とは別に、ナンシーの指摘は「ハイデガーとナチズム」問題の奥行きの深さを教えてくれている。

デリダが『ヌーベル・オプセルヴァトゥール』紙のインタビューで強調し[14]、ラクー＝ラバルトも先に触れたインタビュー[15]で指摘しているように、ファリアスの著作にはハイデガーのテクストに即した読みはほとんどなく、ハイデガーと彼を取り巻く情況の推移のみが一方的に論じられている。ファリアスの著作は近く訳出されるので、その細部にわたる紹介は控えるが、デリダがファリアスへ浴びせた批難（ファリアスは一時間でもハイデガーを読んでみたことがあるのだろうか?）にしても、ラクー＝ラバルトの感想（今回の論争では、実際ハイデガーのテクストが吟味されるということがまったくないのです）にしても、ファリアスの著作の問題性を示す言葉として耳を傾ける必要がある。

このような事情があるものの、ハイデガー自身においても、有名な『シュピーゲル』誌のインタビュー[16]、それに『ドイツ的大学の自己主張』の新版（一九八三年）の巻末に収録された一九四五年執筆の「総長職一九三三—三四年」、それらを実際に読んでみると、言い訳がましい不透明な部分が存在していることは事実だし、この点は否定しようもない。さらにいえば、ナチ体制下での講義を子細に検討すると明瞭になるが、『ヘルダーリンの讃歌』の講義（一九三四年／三五年）[17]などにはオスヴァルト・シュペングラー、アルフレート・ローゼンベルク、エルヴィン・G・コンベンハイヤーに関する肯定的言及が見出される。デリダが『エスプリについて』で言及しているように、「民族（Volk）の問題」は全生涯を通じてハイデガー哲学の中心テーマなのだ。

二　ワイマール思想史と「ハイデガー問題」

ワイマール文化を総体的に論じた、きわめて初期の文献にピーター・ゲイの『ワイマール文化』（一九六八年）があるが、このなかにクリスティアン・G・v・クロコウの『決断——E・ユンガー、C・シュミット、M・ハイデガーに関する研究』（一九五八年）なる著作の紹介がある。ゲイによれば、この著作は、「三人の『哲学的』非合理主義者たちの比較研究。いずれも何ほどかナチに親和性を持っていた[18]」。私自身がハイデガーの『ドイツ的大学の自己主張』を読み、訳出するきっかけとなった書物はこのクロコウの研究だった。クロコウはこの三人の思想家の内部にあった決断主義（Dezisionismus）の論究を始めるに先立ち、三人の出生年代に注意を向ける。ハイデガーは一八八九年、シュミットは一八八八年、そしてユンガーは一八九五年に生まれた。彼らが第一次大戦（一九一四年）を迎えた年齢はシュミットとハイデガーが二〇代の半ば、ユンガーが二〇歳前になる。

ここで二十世紀初頭のドイツの若者を高揚させたワンダーフォーゲルの運動について考えてみよう。[19] この運動は一九〇一年十一月四日、ベルリン郊外のシュテグリッツにあった地下食堂の裏部屋での会合から始まったものだが、第一次大戦を控えた一九一三年十月十一日夕刻に開かれた、カッセル南部のホーエ・マイスナー山での大集会ではドイツばかりか近隣のドイツ語圏の若者をも含む大青年運動になっていた。ワンダーフォーゲル運動は第一次大戦の評価をめぐり、内部対立から四散していくが、二十世紀初頭に青春時代を送った三人の思想家がこの運動と無関係であったはずはないと考える方が自然であろう。たとえば、ハイデガーは一九一二年にマールブルク大学に創設された「大学義勇軍」にR・ブルトマン、P・ナトルプ、N・ハルトマンとともに（会員もしくは会友として）参加している。

では、このワンダーフォーゲル運動のエートスとは何だったのであろうか。それは峻烈な時代批判、ドイツ帝国の俗物性に対する激しい嫌悪感であった。当時の若者の心を捉えた大ベストセラー、ユリウス・ラングベーンの『教育者としてのレンブラント』の冒頭は次のように始まっている。

現代のドイツ民族の精神生活が、ゆるやかな衰退の状態にあるということ、また、ある者によれば、急速な衰退の状態にあるということは、徐々に、公然たる秘密になっている。科学は、いたるところで細分化されており、思想や文学の分野では、画期的な個人はいなくなっている。視覚芸術は、巨匠たちによって描かれるけれども、不朽性に欠けている。……音楽家は少なく、演奏家は多い。明らかに、この国の民主的水平的原子論的傾向は、このことのなかに現われている。さらに、現在の文化全体は……退行しており、新しい価値の創造よりも古い価値のカタログ化とかかわっている。……（文化が）科学的になればなるほど、ますます創造的ではなくなるであろう。[20]

ラングベーンの文章にある実証主義的で合理主義的な学問や技術への本質的憎悪、これは変わることなくハイデガーへ受け継がれている。有名な『形而上学とは何か』（一九二九年）の講義冒頭にある、「諸学術がその本質的根柢に有している根は死滅している」との断定、そして『ドイツ的大学の自己主張』のなかにある、大学での諸学の専門科目への封じ込めへの反発、それを民族の根柢にある豊饒さのなかで再建しようとする主張、これらの想念には明白にハイデガーのドイツ青年運動が目指した時代批判と同質なものを看取することができるだろう。

ハイデガーが一九一四年までに影響を受けた文学作品はヘルダーリン、リルケ、トラークルの詩、そしてドストエフスキーの小説であった。これらはすべて刊行されて間もない書物であったことに注意すべきであろう。ヘルダーリンのピンダロス訳のN・v・ヘリングラードによる校訂本、リルケの『マルテの手記』は一九一〇年に、リルケの『第一詩集』とトラークルの『詩集』は一九一三年に刊行されている。なお、ディルタイの全集は一九一四年に刊行され始めていた。

ここではドストエフスキイのドイツ語訳を刊行した人物について注意をうながしておこう。メラー・ファン・デン・ブルックは『ドストエフスキー全集』（一九〇六―一四年）を初めてドイツ語で完訳した。まず、このメラーの著書のうちで最も売れた書物が『第三帝国』（一九二三年）であり、ヒトラー体制を第三帝国と呼ぶ慣わしもここから来ていることに注意しておこう。さらにこのメラーはロシアの神秘思想家でサンボリスムの文学者であったメレジコフスキーに私淑した時代があり、メラーの後に私淑した人間としてA・ローゼンベルクがいる。メラーとローゼンベルクとは師を同じくした兄弟弟子であった。このような来歴を持つメラーはドイツの読書人へ、どのようなドストエフスキー像を提供したのだろうか。メラーはドストエフスキイを「保守主義から発した革命家」とし、メラー自身のゲルマン主義イデオロギーの代弁者と見做したのである。すなわち、ドイツにおいてはドストエフスキーの作品中の主人公たちが右翼、反自由主義者、非合理主義者たちにとっての英雄になり得たのであり、ワイマール体制下の保守革命論者のバイブルとなったのだ。こうしたドストエフスキーの訳出ばかりでなく、メラーが第一次大戦の終結に際して書いた『若き民族の権利』（一九一八年十一月）にしても、ドイツだけが大衆をどのように取り扱うべきか、機械から人間の本性をどのように救うべきか、これらに対する解答を与えることができるという、きわめて予言的な文章が見出される。(21)

第一次大戦の敗北、ドイツ帝国の崩壊という未曾有の事態に直面したドイツの若者たちにとって、メラーの言説は強力な影響力を持った。ハイデガーの時代認識に見られる危機意識にメラーの影を見出すこと、それは間接的であるかもしれないが、第二次大戦中の講義から戦後の論文に散見される、ハイデガーのアメリカニズムへの冷笑、機械文明への憎悪、近代技術をGe-stellとして定義するなかに木霊しているように思う。

この章の冒頭で記した「決断主義」の論調はワイマール共和政を扼殺したと考えてよい。ただし、ここで注意しておかねばならないのは、ユンガー、シュミット、ハイデガーの決断主義のみが大統領独裁からヒトラーの首相就任への道を拓いたわけではないことだ。高名なロマニストであるエルンスト・R・クルツィウスは『危機に立つドイツ精神』[22]（一九三二年）のなかで、「われわれはまさに、一九二〇年と三〇年の間に新たな価値を称して登場した一切のものを清算しよう」と呼びかける。彼によれば、眼前にあるのは「瓦礫の山ばかり」であり、「シュプレヒコールと突撃隊の時代には、ファウストとヴィルヘルム・マイスターはその権利を失った」とされる。すなわち、クルツィウスの眼に映った共和国の危機は何よりもまずドイツ固有の文化の崩壊情況にあった。「文化の解体はさまざまな利益集団の政治的理由から望まれるところ」であり、この意味で「文化の解体は政治的に働く真の文化憎悪の表われに他ならない」（傍点原著者）。この現象は「ロシアにおいて壮大なスケールで出現する」という発言が典雅なロマニストであるクルツィウスの言説であったことに注目する必要がある。クルツィウスはユダヤ人問題に関しても、「その圧倒的多数の者が有力な活動において懐疑と破壊をこととしていると言わざるを得ない」としている。

『危機に立つドイツ精神』には、ワイマール期知識人がもったソ連社会主義への漠然たる脅威と反ユダヤ主義への共感が十二分に読み取れるはずである。

こうした反共和国の思潮が一九三〇年代の初頭にあって、ナチスの大躍進を支えた原動力だった。

一九三〇年十月十七日、前月十四日の総選挙におけるナチスの大躍進を眼のあたりにして、トーマス・マンは次のように訴えた。(23)

聴衆のみなさん、ことによるとあなた方には、ロマンティックに物を考える哲学の理念と、今日の急進的国粋主義とを関連づけるのは大胆だと思われるかもしれません。……私たちがここで問題にしている政治運動、つまり国家社会主義の運動を、精神的なものの側から強化しようと集まっているのは、……大学教授のあいだから生まれたある種の言語学者イデオロギー、つまりゲルマン学者ロマン主義や北欧信仰もあって、これが、人種的（rassisch）、民族的（völkisch）、同盟的（bündisch）、英雄的（heldisch）などといった語彙をまじえ、神秘的で荒けずりな、ひどく趣味の悪い響きをもつ慣用句を使って、一九三〇年のドイツ人に説教を垂れ、教養のよそおいをもつ熱狂的野蛮性という成分をあの運動に加えてやっていますが、これは、私たちを戦争に引きこんだ、世界にうといあの政治的ロマン主義以上に危険で、世界を遠ざけることになりますし、頭脳を押し流し、膠着させてしまいます。

トーマス・マンの警告は残念ながら功を奏さなかった。時代はナチズムに向かっていった。しかし、この「理性に訴える」でマンが批判したワイマール共和国末期の非合理主義思潮、すなわち「生命概念を思考の中心に据える非合理主義的反動……無意識的なもの、ダイナミックなもの、暗く創造的なものなど、もっぱら生命を賦与する力を看板にかかげ、単に知的なものとしか理解されない精神などは生命を殺すという理由で拒否し、この精神に代えて、魂の暗部、母性的冥府的なもの、神聖にして多産な下界を、生命の真実として称えた」考え方を顧みるならば、そこにハイデガーの思索の核心部分をなす民族の概念、彼の時代批判と共鳴する部分が見出されるはずである。

ハイデガーの著書の訳出、彼の哲学に関する研究は、日本でも戦前から行なわれてきた。しかし、彼のテクストや講義がどのような時代情況のなかで、書かれ語られてきたかについて考究した文献はほとんどといってよいくらい存在しない。この現実は、ハイデガーの思索を哲学の個別的閉域のなかでのみ、訓詁学的にしか追っていかなかった結果ではないだろうか。ハイデガーのテクストを、ワイマール期からナチズム期の諸思想と対峙させ、その相互関係のなかからハイデガーのテクストの行間にこめられている意味を発見することなくしてはデリダやラクー＝ラバルトの言うように真にハイデガーを読んだことにはならないのではないだろうか。

「ハイデガーとナチズム」問題は、これまで忘却されていた「哲学を思想史のコンテクストのなかで読み取る」ことの重要性を教えている。今後、この方向でのハイデガー哲学の読み直しが行なわれるなかで、「ハイデガーとナチズム」はその問題の巨大な姿を徐々に浮かび上がらせていくように思われる。

【注】

（1）Victor Farias, *Heidegger et le nazisme*, Paris, 1987.（邦訳　ヴィクトル・ファリアス、山本尤訳『ハイ

デガーとナチズム』名古屋大学出版会、一九九〇年）

（2）Jacques Derrida, *Psyché*, Paris, 1987. Jacques Derrida, *De L'esprit*, Paris, 1987.（邦訳　ジャック・デリダ、港道隆訳『精神について――ハイデッガーと問い』人文書院、一九九〇年）

（3）*Die Heidegger Kontroverse*, Hrg. Jürg Altwegg, Frankfurt am Main, 1988.

（4）Victor Farias, *Heidegger und der Nationalsozialismus*, Frankfurt am Main, 1989.

（5）Hugo Ott, *Martin Heidegger*, Frankfurt am Main, 1988.（邦訳　フーゴ・オット、北川東子・藤澤賢一郎・忽那敬三訳『マルティン・ハイデガー――伝記への途上で』未來社、一九九五年）

（6）ハイデガー、矢代梓訳「ドイツ大学の自己主張」『情況』一九七〇年十二月号。ハイデガー、矢代梓訳「何故我等は田舎に留まるか」『日本読書新聞』一九七二年十月二十三日号。

（7）Ph・ラクー＝ラバルト、聞き手＝浅利誠「地に堕ちた偶像――ハイデガー」『新評論』一九八九年第三号。P. Lacou-Labarthe, *La Fiction du Politique*, Paris, 1987.（邦訳　フィリップ・ラクー＝ラバルト、浅利誠・大谷尚文訳『政治という虚構――ハイデガー、芸術そして政治』藤原書店、一九九二年）

（8）藤村信『夜と霧の人間劇』岩波書店、一九八八年。

（9）François Fédier, Trois attaques contre Heidegger, *Critique*, 11, 1966. no 234. Jean Pierre Faye, Langages totalitaires, Paris, 1972. 矢代梓「ハイデッガーとナチズム論争」『日本読書新聞』一九七三年一月二十九日号。

（10）Guido Schneeberger, *Nachlese zu Heidegger*, Bern, 1962. Theodor W. Adorno, *Jargon der Eigentlichkeit*, Frankfurt am Main, 1964.（邦訳　テオドール・W・アドルノ、笠原賢介訳『本来性という隠語――ドイツ的なイデオロギーについて』未來社、一九九二年）Paul Huhnerfeld, *In Sachen Heidegger*, Hamburg, 1959.

（11）ジャン＝リュック・ナンシー、西谷修訳『無為の共同体』朝日出版社、一九八五年。

(12) ジョルジュ・バタイユ「国家の問題」二見書房版『バタイユ著作集』「ドキュマン」所収。
(13) ナンシー、四〇ページ。
(14) *Die Heidegger Kontrovers*, S. 83.
(15) ラクー＝ラバルト『新評論』四ページ。
(16) 川原栄峰訳「ハイデッガーの弁明」『理想』一九七六年十月号。Martin Heidegger, *Die Selbstbehauptung der Deutscher Universität*, Frankfurt am Main, 1983.
(17) 創文社版『ハイデッガー全集』第三九巻「ヘルダーリンの讃歌」三四ページ。
(18) ピーター・ゲイ、亀嶋庸一訳『ワイマール文化』みすず書房、一九八七年、文献解題一四ページ。Christian Graf von Krockow, *Die Entscheidung*, Bonn, 1958.（邦訳　クリスティアン・グラーフ・フォン・クロコウ、高田珠樹訳『決断——ユンガー、シュミット、ハイデガー』柏書房、一九九九年）
(19) ウォルター・ラカー、西村稔訳『ドイツ青年運動』人文書院、一九八五年。上山安敏『世紀末ドイツの若者』三省堂、一九八六年。
(20) F・スターン、中道寿一訳『文化的絶望の政治』三嶺書房、一九八八年、一七〇ページ。
(21) F・スターン、二七六ページ、二八四ページ。
(22) E・R・クルツィウス、南大路振一訳『危機に立つドイツ精神』みすず書房、一九八七年、一三ページ、九一ページ。
(23) 新潮社版『トーマス・マン全集』X、森川俊夫訳「理性に訴える」五二八ページ、五二七ページ。

【追記】この文章を書いた後の日本での動向をいくつか摘記しておきたい。ファリアスのドイツ語版へ寄せられたハーバーマスの序文「ハイデガーの世界観と著作」は『現代思想』一九八九年四月の総特集「ファシズム」に訳出された（三島憲一＋山本尤訳）。この号にはP・ブルデューのインタビュー、一九八八年三月十二日と三月十九日のフランスでの「ハイデガーとナチズム」をテーマとした討論も訳出されており、興味深い。

またオットー・ペッゲラーの「ハイデッガーと政治」が『思想』一九八九年六月号に訳出された（四日谷敬子訳）。これは一九八九年四月三日に京都大学で講演された原稿からの訳出であるが、直接ファリアスやオットへの言及はないものの、それを含意した発言と見なすことはできるだろう。

また、『現代思想』一九八九年七月号の特集「消費される〈大学〉」に「ドイツ的大学の自己主張」と「アドルフ・ヒトラーと国家社会主義体制を支持する演説」、「なぜわれらは田舎に留まるのか？」が収録された（矢代梓＋石光康夫訳）。後の二篇はシュネーベルガーの『ハイデガー拾遺』からの訳出である。

なお、『ハイデガー著作集』がようやく第三部の草稿を刊行する段階に入ったことに注目したい。

〔付論1〕　ファリアス『ハイデガーとナチズム』（山本尤訳、名古屋大学出版会）書評

本書がフランスで出版された（一九八七年秋）知らせを受けた時の気持は複雑なものだった。「また、フランスで……」という感慨と「ドイツと日本はこの問題でまた後手にまわってしまった」という悔しさが入り混じって、何とも形容しがたい胸中であったことを覚えている。もとより、この問題とは「ハイデガーとナチズム」のことだ。

不慣れなフランス語版を読むうちに、ドイツ語版が刊行され（一九八九年初頭）、ようやく読了したのだが、この過程でドイツ国内でもこの問題に関する出版物が若干だが出始めた。どうやら、この国が「ハイデガーとナチズム」問題の議論において、最も遅れているのかもしれないと感ずる、今日この

頃である。

ファリアスのこの書物がようやく邦訳されたいま、遅ればせとはいえ、「ハイデガー問題」に対する議論が起こってほしい。それが短期間に訳了した訳者の労苦に報いるただひとつのやり方だと、私は思う。

本書はハイデガーの半生、すなわち一八八九年から一九四五年までの軌跡を分析した書物である。その対象が本書のタイトル通りに「ハイデガーとナチズム」になるのは当然のことだ。ファリアスの調査によれば、ハイデガーは一九三三年五月一日にナチ党へ入党し(バーデン地区での党員番号は三一二五八九四)、一九四五年まで党員であり、党費を納めていた。同じ日、ケルンではカール・シュミットがナチ党へ入党した(党員番号二〇九八八六〇)。二人のナチ党入党に先立つ四月二十二日、ハイデガーはシュミットへナチ体制への協力を求める手紙を送っている。

ハイデガーがナチの革命におのれを賭けたことはこばむべくもない歴史的事実だ。そして、その決断が一時の気紛れでも体制へのやむを得ずの順応でもなく、哲学者としての決断であったことは、ファリアスの書物を読めば明瞭となる。

この書物がフランスで大きな反響を読んだのには、「ハイデガーはナチだった」ことをそのものずばりと明言したのと同時に、ヌーボー・フィロゾーフたちのデリダ派に対する知的戦略が相乗されたという、フランスの知的事情があるが、日本での事情はまったく異なっている。この国では、今まで、ごく少数の例外を除き、「ハイデガーとナチズム」問題はあたかもタブーのごとく取り扱われてきたからだ。この問題を無視するか避けて通る日本のハイデゲリアンたちの風習は、二昔も前に私が「ドイツ的大学の自己主張」を訳出した時（一九七〇年）と今とで、あまり変わっていないように思う。そうしたアカデミズム内のハイデガー哲学の研究は、ファリアスが本書で引用している、第三帝国創建当初、従来の大学制度に向けられたナチ党の批判を鸚鵡返ししたくなるほど、愚劣なものだ。

「総合大学（ウニヴェルジタス・リテラールム）は、互いに孤立した個別領域に立てこもって、果てしなき混沌に解体してしまっていた。学問は、学問の自律という怪しげな〈いばら姫の牧歌〉の中に安逸を決め込んで、生の荒れ狂う流れが押し寄せてくると、これを敵意ある流れと感じていた。それゆえに、大学独裁の打倒、学問と政治の統合を綱領に立てた運動には、古典的リベラリズムを代表する教授連は、本能的な敵意を抱いて立ち向かわねばならなかった。それゆえ、古い精神と新しい精神の間の衝突は、歴史的に見ても不可避であった」。

六〇年代末の大学闘争も、ここで語られている学問の安逸さに向けられていた。それから二十年余、事態はむしろこの国の場合、悪化していると見た方が良さそうだ。

ファリアスの書物の主要な部分は、いうまでもなく、ハイデガーのフライブルク大学学長就任と辞任のいきさつだが、ファリアスはその前提として、ハイデガーの出生地の特殊事情、さらに彼の受けた教育の実像を丹念に追跡している。とかくの批判があるとはいえ、ハイデガーのクラーラ論への言及は、序文でのハーバーマスの言及にもあるように、ハイデガーの内面に潜む南ドイツ＝オーストリア・カトリックの精神を洗い出した点できわめて興味深い。また、学長就任後のハイデガーが一方でナチ政権を受け入れながら、彼なりのやり方でナチの政策を拒否していた、この両義的で曖昧な政治的態度を、ファリアスは克明に跡づけている。これらの事実追及から分かることは、有名な『シュピーゲル』のインタビューにしても、一九四五年に書かれたといわれる「学長職」なる覚書にしても、故意の事実への粉飾がほどこされたものであることだ。

訳者が「あとがき」で引用しているファリアスの言葉が印象的である。この書物は「〈偉大さ〉と〈犯罪〉の間になお明確な区別がなされていないかに見える一つの世紀から人間的なものを救い出そうとする試み」だ、とファリアスは言う。

「ナチ党員ハイデガー」、この事実をまず認めたうえで、二十世紀最大の哲学者（私はそう思う）ハイデガーの思索について考察すべきであろう。

〔付論2〕 ラクー＝ラバルト『政治という虚構――ハイデガー、芸術そして政治』（浅利誠・大谷尚文訳、藤原書店）、リオタール『ハイデガーと「ユダヤ人」』（本間邦雄訳、藤原書店）書評

フランスでヴィクトル・ファリアスの『ハイデガーとナチズム』（ドイツ語版、山本尤訳、名古屋大学出版会）のフランス語訳が刊行されたのは一九八七年十月十六日のことだ。

この書物をめぐる、フランスでの議論は大変厳しいものだった。もともと、ファリアスの本はドイツでの刊行を拒否され、パリで初めて公刊されたものだが（ドイツではフランスでの激しい論議に促され、ハーバーマスの序文入りで、一九八九年になってから刊行された）、その論争は「ハイデガーはナチだった」という衝撃的（？）事実をめぐる、かなりスキャンダラスな性格のものだった。ファ

リアスの書物（仏語訳）の直前に刊行されたデリダの『精神について』（港道隆訳、人文書院）とともに問題になった本が、今回訳出されたラクー＝ラバルトの『政治という虚構』である。また『政治という虚構』に触発されて刊行された書物がリオタールの『ハイデガーと「ユダヤ人」』だ。もう一冊、ブルデューの『ハイデガーの政治的存在論』（ドイツ語版、一九七五年）も、その頃にフランス語版が公刊されたが、これも近いうちに日本で刊行されるだろう。

『政治という虚構』の初版は一九八七年にストラスブール大学出版局から刊行されたもので、「ハイデガーとナチズム」論争のために急遽再刊（一九八八年一月）されたものだ。しかし、この書物とそれに続くリオタールの書物によって「ハイデガーとナチズム」論争は、当初火つけ役だったヌーボー・フィロゾーフたちの思惑からかなり遠いものになった。すなわち、マルクスの思想的な抹殺に成功した（？）ヌーボー・フィロゾーフの次なる目標であった「ハイデガーはずばりナチだった」というキャンペーンはあまり効果的に浸透しなかったからである。むしろ、ラクー＝ラバルトとリオタールの書物は「ハイデガーとナチズム」、そしてユダヤ人をめぐる問題が今世紀の「政治と哲学」をめぐるいっさいの問題情況の根幹に位置する重大な争論の対象であることを明瞭にした。「アウシュヴィッツ以後、詩を書くことは野蛮である」（アドルノ）という批判で象徴される「ユダヤ人殲滅」の事実は、ラクー＝ラバルトにおいて「西洋にとって、その本質の恐るべき啓示」と把えかえされる。アウシュヴィッツにおいて破滅へ追いやられたユダヤ人はドイツ人を脅かすものではなかった。しかも、「ユダヤ人の消滅が軍隊や警察という通常の手段ではなく、工場での清掃除去として処理された」ことに問題がある。そして、ラクー＝ラバルトはこの「殲滅」をハイデガーが「今や農業は機械化された食品産業であり、ガス室や絶滅収容所での死体製造、国家の封鎖や兵糧攻め、水爆製造、それらと本質において同じものである」と語ることを問題にしているのだ。さらにラクー＝ラバルトの視線はファリアスやヌーボー・フィロゾーフが問題とする「ハイデガーの罪（フォート）」とは異なって、ハイデガーがアウシュヴィッツをその啓示している重大性の深さにおいて思量していなかったことに向けられる。いいかえれば、強制収容所における意図された「ユダヤ人の殲滅」と他の凡百の技術的現象（農業でも軍事封鎖でも水爆であったとしても）との通約不可能性の差異について、ハイデガーが思惟しなかったのではないか、ここにラクー＝ラバルトの批判がある。リオタールもこの点においては同様だ。彼はハイデガーの罪（フォート）に関して、過小評価したり情状酌量の余地があると弁明することを批判しつつ、「このような重大なことがらを考えるに際しては、情状酌量の余地は決してない」と明言する。

アウシュヴィッツの啓示する西洋の恐るべき本質の啓示、これに対するハイデガーの沈黙、この問題をラクー＝ラバルトはフランスのドイツ文学者として、ドイツ・ロマン主義、ヘルダーリンの詩のなかで再考しようとする。そこで浮かび上がってくる問題が「政治の美学化」、すなわち国家・唯美主義に全体主義の真理をみる視角である。反ユダヤ主義は根本的に美学であり、テクネーの圧倒的な猛威と固く結ばれていた。だからこそ、ユダヤ人はカリカチュアであり、醜さそのものであるユダヤ人はテクネーにより殲滅されなければならなかった。さらに、全体主義において、国家、政治、民族は芸術作品として形づくられねばならない。有機的器官としての国家、それはドイツのロマン主義的伝統の所産である。リオタールが現実のユダヤ人と区別して「ユダヤ人」について語り、ハイデガーがユダヤ人殲滅について沈黙を守っていた事実を問うのも、こうしたラクー＝ラバルトの所論に同意してのことだ。

ラクー＝ラバルトとリオタールの二著が訳出されたことにより、ようやくこの国でも「ハイデガーとナチズム」問題の重大性が認識され始めることが可能になったと思う。問題はあくまで「ハイデガーがナチだった」かどうかではなく、彼の思索を貫流する中心思想の核心なのだ。刊行されつつある講義の精密な読解こそ、ハイデガーの思索の問題性に近づく重大な作業になるだろう。

文化移動の思想史的意義
——ナチス・ドイツから亡命した知識人たち

一九三三年一月以降、ナチの政権掌握により生じたユダヤ系ドイツ知識人の英米文化圏への大規模な亡命は、今世紀の思想史を考えるうえできわめて重要な意味を有している。もとより、ナチ・レジームの締めつけはユダヤ人のみに標的を絞ったものではなく、ナチ党の画一的支配（グライヒシャルトウンク）に反抗する者すべてに向けられていた。周知のように、一九二〇年代のベルリンは「世界都市」と呼ばれ、「モダニズムの実験場」の観を呈していた。その都市文化の主要部分が本国から英米各地へ離散した事実は、思想史のうえで「文化大移動」と名づけられ、ひとつの研究分野を形成している。

一九六九年に刊行されたD・フレミング、B・バイリーン共編の『文化移動』（ハーバード大学出版局）の序論として公表された論文がP・ゲイの『ワイマール文化』だったことは注意しておくべき事柄だ。『ワイマール文化』は、一九六八年に単行本としても出版されたものだが、刊行後二十年以上の歳月を経た今日でも、一九二〇年代のドイツ文化を包括的にとらえた書物として評価されている。『文化移動』がこの『ワイマール文化』をまず最初に置いた意図は明瞭である。各地へ離散していった文化がドイツの地においてどのようなものであったか、その点を『ワイマール文化』に語らせようとしたのだ。確かに、この小冊子は巻末のユニークな文献解題とともにワイマール共和国の思想史のダイジェストの役割を果たしている。『ワイマール文化』は共和国の生誕が必ずしも祝福されたものではなく、革命と反革命のせめぎあいのなかで心ならずもの妥協という形態で生まれたことを強調したうえで、体制内の和解を目指す人たちと体制打破を志向する右と左の批判派の対立、さらには父と子という世代的対立まで鮮明に描き出している。そして、ワイマール共和国時代の文化の大部分がヴィルヘルム帝政末期の世紀転換期に芽ばえたものであることを数多くの実例から証拠だてた。ゲイが『ワイマール文化』で指摘している、印象主義の導入から表現主義への移行、すなわちドイツ芸術における「ブルジョワ芸術から大衆芸術への移行」は、すでに第一次世界大戦前のベル・エポック期に大枠がつくられたものかもしれないが、その創造が全面的に開花したのはワイマール共和国の時代だった。

以下「文化移動」に関する叙述は、人文・社会科学とその周辺の分野に限定して言及していこうと思うが、ワイマール期のドイツ文化がどれほどの豊かさをもっていたかを示す格好の事例として、H・G・ガーダマーの回想『哲学修業時代』を紹介してみよう。一九〇〇年にマールブルクで生まれたガーダマーは一九二〇年代前半のマールブルク大学の知的状況が、当時の経済的貧窮と比較して、どれほど素晴らしかったかを生き生きと思い起こしている。十九世紀末から、マールブルク大学は新カント派の拠点であった。彼が入学した一九一八年にH・コーヘンは没していたが、まだP・ナートルプも健在で、N・ハルトマンやH・ハイムゼートといった若手が教えており、この大学で学位を取得してベルリン大学の講師からハンブルク大学（一九二〇年新設）の正教授に就任したE・カッシーラーも戦時中に『自由と形式』（一九一六年）を刊行して有名になっていた。一九二三年の秋、このような新カント派の牙城に、定年退職したナートルプの後任として、フライブルク大学からM・ハイデガーが着任した。ガーダマーやK・レーヴィットなど、哲学に関心を寄せる学生はハイデガーの魅力に捕らえられてしまった。また、この地でハイデガーは弁証法神学の代表者の一人であるR・ブルトマンと共通の精神的目標をもつ友情に恵まれることになった。さらに、『聖なるもの』で有名なR・オットーも教義学の講義をしていた。「ハイデガーがマールブルクにもたらした新しい刺激は、この地の神学界にとって最も実りあるものとなった」とガーダマーは記している。そして、マールブルクにはE・R・クルツィウス、E・アウエルバッハ、L・シュピッツァーなどのロマニストたち、さらには当時プラトンを研究していたP・フリートレンダーがおり、ガーダマーは彼らとギリシア文献を読んでいた。また彼は後にマールブルク大学の正教授になり（一九四一年）、一九四四年この地で死去したゲオルゲ派のM・コメレルとも、大学での親友の美術史家O・シューラーの紹介で親しくしていた。まだまだ、人の名前を挙げればきりがないのでこれくらいにしておくが、マールブルクという一地方都市のなかでさえ、これほどの俊秀が集まっていたのだ。もとより、これらの知識人すべてが亡命したわけではないが、当時のドイツ文化の豊かさの一断面は垣間見ることができるだろう。

自らも亡命政治学者だったF・ノイマンは、英米へ亡命してその地の生活に同化しようと決意した学者たちのタイプを三つに分けている。（1）これまでの知的立場を捨てて新しい方向を受け入れた学者、（2）自分の思考をあくまでも保持し、自らの孤島にひきこもってしまった学者、（3）新しい経験を古い伝統と統合しようとした学者、これがノイマンの分類だが、「文化移動」の問題を考えるうえでは（3）のタイプの学者が最も実り多い解決法だった。けれども、（1）や（2）のタイプもある程度、考察の範囲に入れておかなくてはならない。また、亡命してきた学者たちが亡命地では「異邦人」であったことも考慮すべきであろう。「異邦人」なる概念については、G・ジンメルの言葉が思い出される。彼は亡命地と「異邦人」の関係において、「隔たりとは、近接している者が疎遠であることであり、異邦人性とは、疎遠なる者が実際には近接していることである」と指摘している。また、『弁証法的想像力』でフランクフルト学派の通史を書いたM・ジェイは、一九八六年に刊行された論文集の題名を『永遠の亡命者たち』としているが、このタイトルは、アメリカへ渡った、多くがユダヤ系ドイツ人だった批判理論の第一世代の学者たちの「亡命の永遠性」に注目して名づけられたものだった。当然、このタイプの人には（2）の分類に属する学者が多い。いずれにせよ、大量の亡命者は亡命した地において一種のマージナル・マン（周辺人）になるほかなかった。しかしながら、この点にこそ「文化移動」の残した思想的意味がある。

まず、ガーダマーの回想にも登場した二人のロマニスト、アウエルバッハとシュピッツァーについて言及してみよう。彼らは戦時中もドイツに留まったクルツィウスとは違い、歳月を隔てながらもほぼ並行した亡命の経路を辿って、アメリカへやってきた。一八八七年、ウィーンで生まれたシュピッツァーはウィーン大学で学位を取得した後、一九二〇年から五年間ボン大学で教えて、マールブルク大学教授に就任した。一方、アウエルバッハは一八九二年にベルリンで生まれ、ハイデルベルク大学で法律の学位を得た後、ロマンス語文献学に関心をもち、一九二一年にロマンス語のノヴェラ（短篇小説）に関する論文で二度目の学位を得て、プロイセンの国立図書館に勤務しながらヴィーコの『新しい学』などのドイツ語訳を刊行し、一九二九年に刊行した『世俗詩人ダンテ』でロマンス語文学研究の世界で評価されるようになった。シュピッツァーが一九三〇年にボン大学へ招聘され、アウエルバッハはシュピッツァーの後任としてマールブルク大学の教授になる。一九三三年、ナチの政権掌握後ただちにシュピッツァーはトルコに勤め先を探して亡命したが、その地の図書館のあまりの不備に辟易して、一九三六年にはアメリカのジョンズ・ホプキンス大学へ転任する。アウエルバッハの方は一九三五年にナチ政権から職を奪われ、翌年にトルコ国立大学の職を得た。アウエルバッハはトルコに十一年も滞在した後、ペンシルヴァニア州立大学の職を得て、一九五〇年にはイェール大学に招聘されて、最晩年をその地で過ごすことになった。

アウエルバッハの名声を一挙に高めたのは『ミメーシス』の刊行だった。一九四六年にはスイスでドイツ語版が刊行され、七年後にアメリカで英訳が完成した『ミメーシス』は英米文学界を驚愕させた。ホメーロスからV・ウルフまで二十もの文学的テクスト、三千年の歳月と八つの言語をカバーする、ヨーロッパ文学に関する想像上の文学博物館が、綿密な文体論的分析で、たった一冊の書物として与えられたのだ。ニュー・クリティシズムの勃興期にあったアメリカでは、まさに時宜を得た試みだった。ただ、この書物の誕生のいきさつが興味深い。シュピッツァーが見放したトルコの図書館の蔵書の貧しさから、アウエルバッハは西欧の過去における言葉を介した現実描写の通時的分析を志した。与えられた条件を逆転させ創造に結びつけた、彼の非凡な才能に感嘆すべきだろう。残念ながら、シュピッツァーの仕事にはこのような瞠目すべき書物があるわけではない。しかし、五つの異なった言語で書かれた千に近い論文は、彼自身の言葉を借りていえば、まさしく「文献学の環」を形成するものだった。たまたま取り上げられたテクストから、読む者の厖大な知識が総動員されて、そこに思いもかけない背後（コンテクスト）が生まれる。彼の論文を読むとき、いつも抱かせられる感想だ。そして、彼はいつも再びテクストに帰ってくる。読むという行為の徹底性、これは後にG・プーレらのヌーベル・クリティクに繋がる批評の流れの源泉になった研究態度だった。一九七〇年、『文体論』の仏訳が刊行された時のパリでの評価はひときわ印象的であったことを知る者も多いと思う。

数年前、フィレンツェのウフィッツィ美術館に所蔵されているボッティチェルリの代表作のひとつ『春（プリマヴェーラ）』の修復が完成し、その記念に撮影されたフィルムを見る機会があった。修復された絵は、観賞者の前に画家が描き終えた瞬間そのままを再現しているかのごとく見事なものだった。ことにフローラの撒き散らす花の細部が驚くばかりに綿密に描き込まれているのには、思わず溜め息が出てしまったほどである。A・ヴァールブルクの最初のルネサンス研究がこの絵の意味する神話的象徴の構図を当時の新プラトン主義の思潮と結びつけ、イコノロジー分析による「異教的古代の復活」の歴史的意味を世に知らしめるようになってから一世紀近い歳月が経った。この学派の残した業績は、「文化移動」の問題と深く関わっている。一八六六年、富裕なユダヤ系銀行家の長男としてハンブルクに生まれたヴァールブルクは銀行経営を弟たちに譲り、自らは一民間歴史家として生涯をルネサンスの研究に捧げた。第一次世界大戦後、彼が精神の病を患っていた間に、収集された厖大な書物は共同研究者のF・ザクスルによって、新設間もないハンブルク大学に寄贈された。いわゆる「ヴァールブルク文庫」の成立である。彼が収集したロレンツォ・メディチ時代のフィレンツェの文化的背景を探る、神秘主義や占星術を含む多数の文献は学者たちの注目するところとなった。ハンブルク大学へ着任したカッシーラーは最も文庫の恩恵に浴した一人だ。彼はヴァールブルク研究所の年報に『言語と神話』『個と宇宙』『イギリスのプラトン主義的ルネサンスとケンブリッジ学派』などの著述を寄稿するとともに、第二の主著である『象徴形式の哲学』（一九二三〜二九年）にも、この研究所での研鑽の成果が大幅に取り入れられている。一九二九年、ヴァールブルクは世を去ったが、ナチの政権掌握はドイツでの研究所の存続自体を危うくさせるものだった。ザクスルとE・ウィントはロンドン大学へ研究所の資料を移転させることにした。こうしてロンドンのウォーバーグ研究所が成立したのである。今日に至るまで、ヴァールブルク学派の達成した仕事がこの「文化移動」の賜物であることは明白だ。E・パノフスキーの『イコノロジー研究』、ザクスルの『シンボルの遺産』、ウィントの『ルネサンスの異教秘儀』、E・H・ゴンブリッチの『芸術と幻影』、F・イエイツの『G・ブルーノとヘルメス的伝統』、これらの業績はヴァールブルクの残した資料を抜きにしては考えられない。「文化移動」の積極的意味がここにある。

最後に、フランクフルト学派の場合を取り上げてみよう。このグループは第一次世界大戦後にフランクフルト大学（一九一四年創立）でつくられた「社会研究所」出身の学者たちが大部分を占めている。ただ、この施設が「最大の生産的な時期」を迎えるのは一九三〇年で当時三十五歳だったM・ホルクハイマーが所長に就任してからだ。翌年の一月、彼は就任式で「社会哲学の現状と社会研究所の任務」と題する講演を行なう。そこでは、ドイツ観念論における個人の社会哲学的問題を、ヘーゲルの有機体国家観からショーペンハウアーにおける全体性信仰の崩壊への変遷として論ずるとともに、現今の社会理論（O・シュパンやM・シェーラー）が失われた総合性の再獲得を目指していることを批判し、研究所の行なう学問的探求は経験的研究で補完された学際的唯物論の性格をもつことが強調された。この視点は「伝統理論と批判理論」(一九三七年)でより明確になるが、この学派の最初の宣言と見なすことができよう。こうした志向は一九三二年から刊行され始めた研究所の機関誌『社会研究』の目次から明瞭に読み取れる。ホルクハイマーの「学問と危機についての論評」、T・W・アドルノの「音楽の社会的境位」、L・レーヴェンタールの「文化の社会境位」、F・ボルケナウの「機械論的世界像の社会学のために」、E・フロムの「分析的社会心理学の方法と課題」などの論文が第一号に収録された。所員の大部分がユダヤ人で、西欧マルクス主義思想への共感を指導原理としていたこの研究所がナチ政権と相容れるわけはない。一九三三年を境にして、所員の多くはジュネーヴを経由してパリへ亡命する。しかし『社会研究』誌の刊行はパリのアルカン書店を通じて継続され、研究活動も活発に行なわれた。一九四〇年、ナチのパリ占領とともに研究所の中心はアメリカに移る。けれども、『社会研究』誌は『哲学および社会科学研究』と改題されて、英語で一九四二年まで続刊された。アメリカでの活動のなかで注目されるのは『権威主義的パーソナリティ』を初めとする一連の調査研究である。P・ラザースフェルトの協力で行なわれた社会調査法は戦後のアメリカ社会学に大きな影響を与えた。また、ホルクハイマーの『理性の腐蝕』、アドルノの『ミニマ・モラリア』、そして二人の共著である『啓蒙の弁証法』はいずれもこのアメリカ亡命の時期に書かれたものだが、それらで批判の対象となっているアメリカ大衆文化の問題は今日なおアクチュアリティを失っていないばかりでなく、文化批判の方法的視座として有効性を保持している。ことに『啓蒙の弁証法』で主張された「合理化の過程」の「野蛮状態」への頽落は、ハーバーマスなどの批判があるものの、ポストモダン論が霧散霧消した現在にあって、高度資本主義文明を批判し得る唯一の方法論であると思う。

まだまだ、「文化移動」について述べるべきことは多いが、「文化移動」の諸成果については基本的文献を掲げておいたので、それらを参照してほしい。

【参考文献】

一　文化移動について
L・A・コーザー『亡命知識人とアメリカ』（岩波書店）／R・フェルミ『二十世紀の民族移動』1・2（みすず書房）／L・シラード他『知識人の大移動　自然科学者』（みすず書房）／S・ヒューズ他『知識人の大移動　社会科学者・心理学者』（みすず書房）／H・レヴィン他『知識人の大移動　人文科学者・芸術家』（みすず書房）（以上三冊が、本文で触れたB・バイリーン他編『文化移動』の日本語訳）／L・ファセット『音楽家バルトーク　晩年の悲劇』（みすず書房）

二　ワイマール共和国の歴史および文化　概説
P・ゲイ『ワイマール文化』（みすず書房）／D・ポイカート『ワイマル共和国』（名古屋大学出版会）／A・ローゼンベルク『ヴァイマル共和国史』（東邦出版）／O・フリードリク『洪水の前』（新書館）／W・ラカー『ワイマール文化を生きた人びと』（ミネルヴァ書房）／C・リース『ドイツ映画の偉大な時代』（フィルムアート社）／平井正『ベルリン』全三巻、『ダダ／ナチ　一九一三～一九二〇』（せりか書房）

三　文化移動　数学・物理学
C・リード『ヒルベルト』『クーラント』（岩波書店）／H・ワイル『数学と自然科学の哲学』（岩波書店）／L・シラード『シラードの証言』（みすず書房）／高林武彦『現代物理学の創始者』（みすず書房）／佐々木力『科学革命の歴史構造』（岩波書店）

四　文化移動　生物学・化学・生理学

E・シュレーディンガー『生命とは何か』新書（岩波書店）／J・D・クリック『二重らせん』（タイム・ライフ・インターナショナル）／K・メンデルスゾーン『ネルンストの世界』（岩波書店）／H・クレブス『オットー・ワールブルク』（岩波書店）／K・ゴールドシュタイン『生体の機能』（みすず書房）／S・J・ハイムズ『フォン・ノイマンとウィーナー』（工学社）

五　文化移動　心理学・精神分析・社会学

E・フロム『自由からの逃走』（東京創元社）／M・ウェストハイマー『生産的思考』（岩波書店）／W・ケーラー『ゲシタルト心理学入門』（東京大学出版会）／R・アルンハイム『芸術としての映画』（みすず書房）／F・アレクサンダー『理性なき現代』（みすず書房）／T・W・アドルノ『権威主義的パーソナリティ』（青木書店）／M・ホルクハイマー『道具的理性批判　II　権威と家族』（イザラ書房）／P・ラザーズフェルド『質的分析法』（岩波書店）

六　文化移動　文学批評・文学史

E・アウエルバッハ『ミメーシス』（筑摩書房）『世俗詩人ダンテ』（みすず書房）／L・シュピッツァー「エクスタシーの詩　三篇」『世界批評大系』6「詩論の現在」所収（筑摩書房）／E・R・クルツィウス『ヨーロッパ文学とラテン中世』（みすず書房）／M・コメレル『文学の精神と文字』（国文社）／R・ウェレック他『文学の理論』（筑摩書房）／G・プーレ『円環の変貌』（国文社）／M・ニコルソン『栄光の山と暗い山』（国書刊行会）

七　文化移動　美術史・歴史学

E・H・ゴンブリッチ『アビ・ヴァールブルク伝』（晶文社）『芸術と幻影』（岩崎美術社）／E・ウィント『ルネサンスの異教秘儀』（晶文社）／E・パノフスキー『イコノロジー研究』（美術出版社）／F・ザクスル『シンボルの遺産』（せりか書房）／F・イエイツ『魔術的ルネサンス』（晶文社）／J・セズニック『神々は

死なず』（美術出版社）／E・H・カントーロヴィチ『王の二つの身体』（平凡社）

八　文化移動　哲学・思想

F・ノイマン『ビヒモス』（みすず書房）／H・アーレント『全体主義の起原』（みすず書房）／K・R・ポパー『果てしなき探求』（岩波書店）／K・レーヴィット『ナチズムと私の生活』（法政大学出版局）／H・G・ガーダマー『哲学修業時代』（未來社）／H・ハイムゼート『カント哲学の形式と形而上学的基礎』（未來社）／E・カッシーラー『自由と形式』（ミネルヴァ書房）『象徴形式の哲学』文庫（岩波書店）『言語と神話』（国文社）『個と宇宙』（名古屋大学出版会）／R・オットー『聖なるもの』文庫（岩波書店）／R・ブルトマン『イエス』（未來社）／S・ヒューズ『大変貌』（みすず書房）／M・ジェイ『弁証法的想像力』（みすず書房）『マルクス主義と全体性』（国文社）『永遠の亡命者たち』（新潮社）／F・ボルケナウ『封建的世界像から近代的世界像へ』（みすず書房）／M・ホルクハイマー『理性の腐蝕』（せりか書房）／T・W・アドルノ『ミニマ・モラリア』（法政大学出版局）『本来性という隠語』（未來社）／M・ホルクハイマー、T・W・アドルノ『啓蒙の弁証法』（岩波書店）／J・ハーバーマス『哲学的・政治的プロフィール』（未來社）

E・アウエルバッハ『世界文学の文献学』書評

E・アウエルバッハといえば、どうしても一九六七年三月に訳出・刊行された『ミメーシス』（上・下巻　篠田一士・川村二郎訳　筑摩叢書）の冒頭に掲載された「序にかえて」（執筆・篠田一士）について書き記しておかねばなるまい。通常の「序」の文体スタイルにはあまりそぐわない、「はじめに私事を書かせていただく」という一行で始まる「序にかえて」は、筆者ばかりでなく、当時、古本屋でE・R・クルツィウスの翻訳書を何冊か購入しようとしていた筆者のプルースト好きの友人たちにも、「ああ、やっぱり……」という共感をあたえたようだった。その証拠に、友人の何人かが丸善や北沢書店へ行って、「序にかえて」で言及されているアウエルバッハやクルツィウスの書物の英訳廉価版を見つけてきて、大事そうにかかえて、大学図書館のラウンジで読もうとする風景が頻繁に見られた。大学紛争直前の、とても牧歌的な時代であった。

篠田一士は、「やっと洋書が輸入されはじめた昭和二十五年の秋」、彼は「身分不相応な新着の本をつぎつぎと買いこんでいた。そうした本のなかで、ほとんど絶望にもにた讃嘆と嫉妬をたえずぼくに喚起し、あるときは、かぎりない勇気を、また、あるときは、言いしれぬ失意を強いる本が三冊あった」と書く。その三冊とは、クルツィウスの『ヨーロッパ文学とラテン中世』、W・カイザーの『言語芸術作品』、そして、アウエルバッハの『ミメーシス』だった。当時の篠田も、クルツィウスの仕事についての知識はあったらしい。筆者はといえば、まず、『言語芸術作品』をドイツ文学の研究室で見つけ、目次をのぞいてみたのだが、あまりに仰々しい構成にびっくりして、手をひっこめてしまった。ドイツ語が読めるメリットがプラスに働いたようだ。クルツィウスの英訳版は、紙型がとても仕上がりが悪く、細かい文字がほとんど読めない、ひどい本だった。仕方ないので、スイスで刊行されているドイツ語版を取り寄せようとしたら、品切れ。苦労して、第二版を神田の古本屋で見つけた。かなりの高額だったように記憶している。こちらのテクストは、確かに地の文こそドイツ語だったが、引用されているテクストはロマンス語を始めとしてみな読めない言葉ばかり。しかも、ドイツ語訳はほとんどついていない。せっかくの宝の山を前にして、目次を眺めながら、壮大な研究の規模に賛嘆するしかなかった。最後の『ミメーシス』は、訳書で読み通そうとしたのだが、何分にも当方の古典の知識がなさ過ぎた。いずれ、素材となっている古典を読んでからと思っているうちに、時代が大きく変わってしまった。一九六〇年代末の激動の季節が始まったのだ。封鎖を声高に議論している大学構内には、教養について優雅におしゃべりしていた雰囲気は跡形もなく消え失せ、ゲバ棒と火炎ビンの荒涼とした風景が広がるようになっていた。

もうひとつの忘れられないエピソードといえば、一九七〇年代に入ってからのことだ。当時、筆者は最晩年の林達夫とかなり頻繁にお会いする機会があった。そうしたある日のこと、通常「林達夫研究室」と呼ばれていた平凡社の編集部横の小部屋で、彼がうれしそうにイタリア書房から届いたばかりの本を数十冊積み上げて、見せてくれたなかに、アウエルバッハの『ロマンス語文献学論文集成』(『世界文学の文献学』の原著)があったことだった。かつての『ミメーシス』の件を思い出しながら、懐かしさに誘われてページをめくっていたら、彼が声をかけてくれた。「君も『ミメーシス』くらいは知っていたろう。ただ、アウエルバッハの本領はダンテ研究にある。この論文集には、一九二九年に出た出世作『世俗世界の詩人としてのダンテ』以降に発表されたダンテ関係の論文がほとんど収められている。なかでも、重要なのはフィグーラ論だ。興味があるなら、そこだけコピーしてもらおう」。その頃、林達夫はかなりの量のダンテ研究書や『神曲』論を集めていた。それを知っていた筆者は、ありがたくコピーをいただいて、フォスラー、シュピッツァーそしてアウエルバッハとつながる文体論美学の系譜について、立て板に水のごとく講義する林達夫の「西欧精神史講談」に耳を傾けていた。そのごく一部分は、「人文会二五周年記念出版」として刊行された『人文書のすすめ』(一九九三年)に収められている拙稿「文化移動の思想史的意義」で言及したことがある。残念ながら、コピーは散逸してしまった。この訳書で「フィグーラ」の名前を見つけ、そのことを思い出した。

アウエルバッハは、一八九二年に裕福なユダヤ人家庭に生まれ、フランス語教育をするギムナジウムに通った後、ベルリン大学へ入学する。フライブルク、ミュンヘンの各大学で法律学を学び、刑法の論文で一九一三年にハイデルベルク大学から法学博士号を授与された。第一次大戦に従軍後、戦後グライフヴァルト大学でロマンス語文献学を専攻し、一九二一年に「イタリアとフランスにおける初期ルネサンスの短篇小説技法」で文学博士号を授与される。一九二四年からプロイセン国立図書館の司書を勤め、ダンテとヴィーコの研究をした。この成果が『世俗詩人ダンテ』(一九二九年)、ヴィーコの『新しい学』(ドイツ語訳　一九二四年)である。一九三〇年、マールブルク大学ロマンス語文献学の教授に就任。一九三三年、ヒトラーの政権掌握とともに、マールブルク大学を追われ、イスタンブール大学のロマンス語文献学の教授に就任。第二次大戦後、アメリカへ渡り、ペンシルヴァニア州立大学、プリンストンの高等学術研究所、イェール大学の研究教育職を歴任、一九五七年に死去した。

本書には、四〇篇のロマンス語文化・文学関係の論文が収録されているが、その内容は四つの分野に大別されるだろう。ダンテ研究、ヴィーコ・ヘルダー研究、フランス文学研究、書評、四分野である。まず、ダンテ論から始めよう。出世作『世俗詩人ダンテ』で、アウエルバッハはダンテの初期の詩作品にきこえてくる彼独自の新しい声に、中世文学全体をはるかにこえる純粋に詩的現実の到来を予感した。この新しい声によってこそ、あらゆる幻想的体験を神の摂理に従った世界の秩序へと構築しようとする『神曲』の試みが可能になると、アウエルバッハは考えた。もとより、こうした見通しは、ギリシアからヨーロッパ中世後期まで、模倣による現実解釈、いいかえれば「ミメーシス」の歴史的変遷の過程のなかに位置づけられている。このシェーマは『ミメーシス』で明瞭に具体化されたが、『世俗詩人ダンテ』以降のダンテ論にも次第にはっきりと姿を現わしてくる。その中心をなすキイ概念が「フィグーラ」だった。『ミメーシス』と併行してイスタンブールでかかれ、一九四七年に『新ダンテ研究』にまとめられた論文、このほとんどが本書に収録されているが、「フィグーラ」とは何なのだろうか。もともとは「姿」「形」「像」「幻影」を意味するラテン語で、聖書解釈にもちいられた言葉だが、ラテン教父の時代に旧約と新約の事象的な関係を現実的・道徳的に解釈することに活用され、アウグスティヌスにより中世の知的文化伝統の基礎となる。『神曲』の登場人物は、こうした「フィグーラ」の手法によって描かれている。

ロマンス語文学の研究者が、一九二〇年代の大半をヴィーコ・ヘルダー研究に費やしたことは一見無駄なことのように見える。しかし、アウエルバッハは学問的人生の始まりから終結に至るまで、ダンテと併行してヴィーコの論文を書くのをやめなかった。アウエルバッハはヴィーコの『新しい学』を「解釈学的文献学の最初の作品」と位置づける。ヴィーコの業績にはデカルト的な理性信仰と自然科学の学問的優位性に対抗して、人間が人間を理解するという、近代的な歴史主義の芽生えがはらまれていた。それ故に、アウエルバッハは、『新しい学』を「人文科学におけるコペルニクス的発見」と呼ぶ。ヘルダーに関しては、アウエルバッハのロマンス語文学者としての独自性がある。もともと、ドイツのロマンス語文学者たちは、十九世紀後半のアカデミズムを支配した歴史主義に多かれ少なかれ反感をもっていた。しかし、アウエルバッハはヘルダーの『人類歴史哲学考』にヴィーコから半世紀以上経って、枯渇した啓蒙主義に反発し、生き生きとした人間の歴史の発見を探求しようとした情熱を見いだす。その方法的姿勢はドイツ国粋主義の狭隘な情念と似て非なる普遍的なもので、ヴィーコにせよヘルダーにせよ、おのれの文献学的ドラマの展開はあくまでもヨーロッパだった。

ここには、フランス文学に関連する論文がかなり収録されている。確かに、一九二〇年代を通じて、現代フランス文学の紹介に大きな寄与をしたクルツィウスに比べれば、アウエルバッハの仕事は地味で目立ったものではないかもしれない。しかし、クルツィウスの仕事がもっぱら今世紀のフランス文学に向けられていたのに対して、アウエルバッハの向かう対象は十世紀から十九世紀にひろげられている。それればかりではない。ボードレールやプルーストの論文を読めばわかるように、緻密な文体論的な観察から、ボードレールにあっては荘重体の詩的スタイルが逆に現代性を浮き彫りにし、プルーストにあっては甘美で長大な夢の年代記が物語の叙事詩的均一性のなかで実現されていくのを見ることができる。なお、アウエルバッハは情熱（パトス）に関心をもっていた。「情熱としてのパッシオー」では、ギリシア語のパトスが十九世紀フランスのセナンクールに至るまで、どのような意味的変遷を重ねてきたか、克明にたどられている。

最後に、『ヨーロッパ文学とラテン中世』を書評したアウエルバッハの文章についてふれておこう。ごく表面的には、専門分野を共有したドイツの二大ロマンス語学者のエールの交換となるはずの書評が水面下の緊張をはらんだ、ちょっとトゲのある文章に仕上がっているのがおもしろい。「学者というより芸術家肌のエリート」と、クルツィウスをきめつけるアウエルバッハの筆には、単なる学者同士の対立を超えた相違を感じ取ることができる。おそらく、そこには第二次大戦をドイツ国外で過ごしたか、国内で過ごしたか、この深刻な問題も含まれているはずである。この書評は『ヨーロッパ文学とラテン中世』と是非併読してほしい。

あとがきに代えて

夫の矢代梓（本名・笠井雅洋）は、一昨年の三月、悪性腫瘍の疑いのため突然ですが、順天堂大学病院に入院することになり、以来、一年のあいだに入退院をくり返しながら、治療のかいもなく昨年三月十七日に、喉頭癌のため眠るように亡くなってしまいました。五十三歳の、まだこれからいろいろと仕事をおおいにしていこうと張り切っている矢先でした。

ようやく念願だった書庫のある新築の家に引っ越してわずか二週間しかしないうちに、入院することになってしまったわけです。新しい仕事も決まり、新しい家もできあがり、子供たちも中学、高校へとそれぞれ順調に進学し、第二の人生がいよいよスタートと思っていたところへの〝ガン〟の告知でした。バラ色の楽しい生活を夢見ていただけにあまりにひどい運命の仕打ちとしか思えません。

わたしはどん底に突き落とされた気持ちでした。さぞかし本人も悔しかっただろうと思うと、いまでも涙があふれて止まらなくなります。本を思いっ切り好きなだけ読み、執筆活動を存分にできるだけの環境が整ったというのにです。いまとなっては夫の大切にしていた本だけが残されてしまいました。書庫が片づいたら家に見に来て、とたくさんの友人たちに声をかけていたようで、本人もほんとうに楽しみにしていました。

夫は子供のときからの本好きでした。いっしょにお使いに行くと、すぐに近くの本屋さんに行ってしまったと義母がよく言っていましたっけ。とにかくどこへ行くにもいつでも本を持ち歩いていました。自分の部屋はどんどん本に占領されて、あっというまに足の踏み場もなくなって部屋中に本が積み上がってしまうような生活でした。それでも休みの日には下の娘に「玲美、散歩に行くかぁー」「うん、パパ」といった調子で、古本屋めぐりに出かけていくのがまたとても楽しみだったようです。そしてこっそりと何冊か買ってきていました。そんな夫が集めた（集まった）本は、膨大な量で、まあよくこんなに集めたなと思うぐらいで、片づけても片づけてもいつまでも山のようにありました。たくさんの方々に協力してもらい、なんとか本棚に並べることができましたが、分類するにはわたしの力ではまだまだ時間がかかりそうです。あらゆることに興味をもち、研究することの好きなひとでしたから、書庫に並んだ本を見ると、夫の読書の幅の広さがわたしにもわかります。

そんな夫でしたから、どこでも古本屋さんの場所はよく知っていました。さいわい入院していた病院が神保町にも近かったので、しょっちゅう外出許可をもらっては古本屋めぐりをして気晴らしをすることができたようです。一昨年の神田の古本まつりにも行くことができました（それが最後でしたが）。本に囲まれた生活は、病院でも同じで、どういうわけかやはりベッドのまわりには本がどんどん増えていきました。退院するたびに、本を段ボールにつめ、宅急便を頼むという具合でした。入院中も書評を三本ほど書いていたぐらいです。

亡くなる二か月まえ、自宅で最後の入院の一週間ほどまえにみすず書房から依頼されて雑誌「みすず」のために書きあげたアウエルバッハの書評は、夫の体調があまり思わしくないときで、午後からは熱が上がり痛み止めもかなり使っているときでの執筆でした。わたしはとても心配していたのですが、夫は最後のすべての力を使い切って書いたようで、これがほんとに絶筆となってしまいました。でも、これが夫の生き方だったのだと思ってわたしは感動しました。いつでも前向きに生きる希望をもって最後まで心乱れることなく、すばらしい人生を生きたひとだと思います。

夫は、たった五十三年間でしたが、編集者であり、大学の講師であり、もの書きでした。短くても中身の濃い人生を送ったのだとわたしは納得するしかありません。でも、せめてあと数年でも私たちといっしょにこの家で生活し、この書庫、この書斎で仕事をさせてあげたかったというのが本音です。

夫の一周忌にあたって「矢代梓さんを偲ぶ会」を開いてくださることになり、それにあわせて生前に書き遺した論文を集めた論文集を刊行したいと思いました。生前の最後の本になった『啓蒙のイロニー』(一九九七年)でお世話になった未來社さんが遺稿集として引き受けてくださることになり、たいへんうれしく思っています。

この本は当時柏書房の編集者だった太田和徳さんが夫と相談して準備をはじめていたものがもとになっています。夫が病気になるまえでしたが、論文、書評などをまとめて本にしたいという申し出があり、「大学に授業を聞きに来てくれてぼくのことをわかってくれる編集者がいるんだ」と夫がうれしそうに言っていたのを覚えています。その後まもなく夫は入院してしまい、出版の話もほかの事情もあって中断してしまったのです。しかし、その後もほかの編集者の手を経て、未來社の西谷能英さんに相談に乗っていただいたところ、喜んで出版を引き受けてくださいました。

最初に出版の企画をたてていただいた太田さんには、この本の刊行にさいしてもいろいろ協力していただきました。編集者の河野和憲さんにも途中でいろいろ助けていただきました。そして『啓蒙のイロニー』につづいて夫の遺稿集まで刊行していただいた未來社の西谷能英さんのおかげで夫の一周忌に遺稿集が間に合うことになりました。本人もきっと満足してくれていることでしょう。皆様、ほんとうにありがとうございました。

二〇〇〇年三月　夫・笠井雅洋（矢代梓）の一周忌を前にして

笠井いち子

矢代梓略年譜

一九四五（昭和二十）年十月二十四日　横浜市に父辰洋、母澄子の二人兄弟の長男として生まれる。本名笠井雅洋。弟は作家・笠井潔。
一九六一（昭和三十六）年四月　早稲田大学高等学院入学。
一九六四（昭和三十九）年三月　早稲田大学高等学院中退。十月　文部省大学入学資格検定合格。
一九六六（昭和四十一）年四月　横浜市立大学文理学部入学。
一九七〇（昭和四十五）年三月　横浜市立大学文理学部社会課程卒業。四月　中央公論社入社。七月、書籍編集局に配属。
一九七三（昭和四十八）年一月　『日本読書新聞』に「海外文化紹介」のコラムを書き始める（八〇年一月以降『週刊読書人』紙上）。
一九七六（昭和五十一）年六月　M・ハイデッガー他『三〇年代の危機と哲学』（共訳、イザラ書房）を刊行。十一月「ゲーテ自然科学の集い」に参加。
一九八〇（昭和五十五）年四月　小島いち子と結婚。
一九八三（昭和五十八）年一月　長男・洋史生まれる。
一九八四（昭和五十九）年十月　廣松渉主宰「社会思想史研究会」に参加（九〇年まで）。
一九八五（昭和六十）年二月　今村仁司、三島憲一とW・ベンヤミン『パサージュ論』（岩波書店）刊行の母体となる研究会を組織。四月　雑誌編集局に異動。以後、『婦人公論』『中央公論』『マリ・クレール』編集部で雑誌編集業務に携わる。七月　長女・玲美生まれる。十一月　新田義弘主宰「現象学・解釈学研究会」に参加。十二月　O・ワーグナー、A・ローズの建築やJ・ホフマンなどのウィーン工房の取材のため、ウィーンに一週間滞在。
一九八六（昭和六十一）年一月　『出版ニュース』一月上・下旬号より「ブックハンティング」欄に月一回書評

を連載（同年十二月中旬号まで）。この年、日本哲学会、日本社会思想史学会に入会。
一九八七（昭和六十二）年三月『フュトン・クリティク』（北宋社）を刊行。四月　立正大学文学部哲学科の非常勤講師に就任、以後九九年まで「ドイツ語ドイツ文化」を担当。
一九九一（平成三）年四月　法政大学第一教養部の非常勤講師に就任、「社会思潮Ⅰ・Ⅱ」を担当（九二年三月まで）。十一月　ドイツのベルリンに東西ドイツ統一後の政治事情の取材のために約一週間滞在。
一九九三（平成五）年七月『マリ・クレール』の「南ドイツ」特集のために、バイロイト音楽祭、バーデン・ヴュルテンベルク州、ミュンヘン、ザルツブルク音楽祭などを二週間にわたり取材する。
一九九四（平成六）年十二月「ハーバーマスをめぐる論争史」を『未来』十二月号より断続的に連載を始める（九七年一月号まで）。
一九九六（平成八）年五月「現代思想年表」を〈現代思想の冒険者たち〉00巻『現代思想の源流』（講談社）に発表。
一九九七（平成九）年一月　木田元、徳永恂、浅田彰、柄谷行人との共同討議「アドルノのアクチュアリティー」が『批評空間』Ⅱ―12号に掲載される。七月『啓蒙のイロニー――ハーバーマスをめぐる論争史』（未來社）を刊行。
一九九八（平成十）年三月　喉頭癌のために順天堂病院に入院。以後、入退院を繰り返す。
一九九九（平成十一）年一月「E・アウエルバッハ『世界文学の文献学』書評」を『みすず』一月号に発表、絶筆となる。三月十七日　喉頭癌のため死去。享年五三歳。十九日通夜、二十日告別式（新横浜総合斎場）。喪主・笠井いち子。弔辞は四方田犬彦。九月『年表で読む二十世紀思想史』（講談社）が刊行される。
二〇〇〇（平成十二）年三月　遺稿集『ドイツ精神の近代』（未來社）が刊行される。

※　作成にあたり、著者の履歴書を参照し加筆しました。

初出一覧

現象学運動と芸術
〈講座・20世紀の芸術〉第9巻『芸術の理論』、岩波書店、1990年9月
ドイツ・ロマン主義考　『季刊思潮』第8号、1990年4月
ロマン主義と美的モデルネの可能性　『批評空間』II－5号、1992年4月
ボードレールとドイツのモデルネ　『ユリイカ』〈特集＝ボードレール〉1993年11月号
無限との邂逅　『ＡＺ』1995年春号、1995年3月
ブラームスと新ウィーン楽派　『キーワード事典　ブラームス』、洋泉社、1993年8月
ミュンヘンの青春様式
『アール・ヌーボー　アール・デコ』第1集、読売新聞社、1985年8月
ランボーと世紀転換期のドイツ　『現代詩手帖』特集版『ランボー101年』、1992年1月
グラックとエルンスト・ユンガー
『現代詩手帖』〈特集＝ジュリアン・グラック〉1993年10月号
ワーグナーと反ユダヤ主義の今日的意味
日本ワーグナー協会『年刊ワーグナー　1985年』、1985年7月
政治化されたワーグナー神話
日本ワーグナー協会『年刊ワーグナー　1986年』、1986年5月
ユダヤ陰謀説とゲルマンの霊的起源
『歴史読本』臨時増刊「超人ヒトラーとナチスの謎」、1989年3月
エルンスト・ブロッホの一九二〇年代
明治学院大学言語文化研究所『言語文化』第15号、1998年3月
暗きエッセイスト・アドルノ　未発表・1987年10月執筆
M・ホルクハイマー／T・W・アドルノ『啓蒙の弁証法』書評
『図書新聞』1990年5月5日号
T・W・アドルノ『否定弁証法』書評　『マリ・クレール』1996年10月号
T・W・アドルノ『ベートーヴェン』書評　『波』1997年4月号
「ハイデガーとナチズム」問題の所在
社会思想史学会年報『社会思想史研究』第13号、1989年9月
V・ファリアス『ハイデガーとナチズム』書評　『図書新聞』1990年10月13日号
Ph・ラクー＝ラバルト『政治という虚構』／J-F・リオタール『ハイデガーと「ユダヤ人」』書評　『マリ・クレール』1992年8月号
文化移動の思想史的意義　人文会『人文書のすすめ』、1993年10月
E・アウエルバッハ『世界文学の文献学』書評　『みすず』1999年1月号

ドイツ精神の近代

二〇〇〇年三月十七日　初版第一刷発行

定　価――本体二八〇〇円＋税

著　者――矢代梓

発行者――西谷能英

発行所――株式会社　未來社
東京都文京区小石川三-七-二
振替　〇〇一七〇-三-八七三八五
電話・(03) 3814-5521～4

印刷――精興社

製本――富士製本

ISBN 4-624-01151-1 C0010